나의 믿음, 나의 고백 다시 돌아보다

오늘 나에게
왜 사도신경인가?

앨버트 몰러 지음
조계광 옮김

THE APOSTLES' CREED
by R. Albert Mohler Jr.

Originally published in English as *The Apostles' Creed*
ⓒ 2019 by Fidelitas Corporation, R. Albert Mohler Jr., LLC
Published by arrangement with Thomas Nelson,
a division of HarperCollins Christian Publishing, Inc. through rMaeng2, Seoul, Republic of Korea.
All rights reserved.
This Korean translation edition Copyright ⓒ 2019 by Word of Life Press, Seoul, Republic of Korea.

이 한국어판의 저작권은 알맹2 에이전시를 통하여
Thomas Nelson과 독점 계약한 생명의말씀사에 있습니다.
신저작권법에 의하여 한국 내에서 보호 받는 저작물이므로 무단 전재와 무단 복제를 금합니다.

오늘 나에게 왜 사도신경인가?

ⓒ 생명의말씀사 2019

2019년 9월 20일 1판 1쇄 발행

펴낸이 | 김재권
펴낸곳 | 생명의말씀사

등록 | 1962. 1. 10. No.300-1962-1
주소 | 서울시 종로구 경희궁1길 5-9(03176)
전화 | 02)738-6555(본사) · 02)3159-7979(영업)
팩스 | 02)739-3824(본사) · 080-022-8585(영업)

기획편집 | 구자섭, 서희연
디자인 | 조현진
인쇄 | 예원프린팅
제본 | 정문바인텍

ISBN 978-89-04-03171-9 (03230)

저작권자의 허락없이 이 책의 일부 또는 전체를
무단 복제, 전재, 발췌하면 저작권법에 의해 처벌을 받습니다.

오늘 나에게
왜 사도신경인가?

나는 전능하신 아버지 하나님, 천지의 창조주를 믿습니다.
나는 그의 유일하신 아들, 우리 주 예수 그리스도를 믿습니다.
그는 성령으로 잉태되어 동정녀 마리아에게서 나시고
본디오 빌라도에게 고난을 받아
십자가에 못 박혀 죽으시고
(죽은 자 가운데 계시다가)
장사된 지 사흘 만에 죽은 자 가운데서 다시 살아나셨으며
하늘에 오르시어 전능하신 아버지 하나님 우편에 앉아 계시다가
거기로부터 살아 있는 자와 죽은 자를 심판하러 오십니다.
나는 성령을 믿습니다.
거룩한 공교회와 성도의 교제와
죄를 용서받는 것과
몸의 부활과 영생을 믿습니다. 아멘.

목차

추천의 글 사도신경, 우리 모두를 하나로 묶는 기독교의 핵심 고백!　10
들어가는 말 사도신경, 기독교의 기본 진리를 가르치는 가장 중요한 신앙고백　14

1부　하나님에 대한 고백

1장　나는 전능하신 아버지 하나님을 믿습니다　30
자기를 계시하시는 하나님 | 우리의 아버지_ 인격적인 하나님 | 하나님, 우리의 어머니? | 전능하신 아버지 | 전능하신 아버지를 예배하라

2장　나는 천지의 창조주를 믿습니다　46
세계관의 충돌_ 누가, 무엇을, 언제, 어디서, 어떻게, 왜?

2부 예수 그리스도에 대한 고백

3장 나는 그의 유일하신 아들,
우리 주 예수 그리스도를 믿습니다   66

예수 그리스도 | 하나님의 유일하신 아들 | 우리 주 그리스도

4장 나는 성령으로 잉태되어 동정녀 마리아에게서 나신
예수 그리스도를 믿습니다   82

교회사의 증언 | 성경의 증언 | 동정녀 탄생의 교리적 의미

5장 나는 본디오 빌라도에게 고난 받으신
예수 그리스도를 믿습니다   98

그리스도의 죽음뿐 아니라 그분의 '고난'도 기억하라 | 종의 사명 | 그리스도께서는 어떤 고난을 받으셨는가? | 그리스도의 고난에 대한 우리의 반응

6장 나는 십자가에 못 박혀 죽으시고 장사되신
예수 그리스도를 믿습니다   118

왜 십자가를 반박하는가? | 십자가_ 믿음의 상징 | 십자가에 못 박혀 죽어 장사되셨다_ 요한복음 19장 | 못 박히신 왕_ 놀라운 하나님 사랑

7장 나는 죽은 자 가운데 계신
예수 그리스도를 믿습니다   142

8장 나는 사흘 만에 죽은 자 가운데서 다시 살아나신
예수 그리스도를 믿습니다   146

    성경의 증언 | 부활의 신학적 의미 | 부활_ 죄 용서, 구원, 영생의 토대

9장 나는 하늘에 오르시어 전능하신 아버지 하나님 우편에
앉아 계신 예수 그리스도를 믿습니다   158

    그리스도의 승천에 관한 성경의 가르침 | 승천의 신학 | 그리스도의 승천이 오늘 우리에게?

10장 나는 거기로부터 살아 있는 자와 죽은 자를 심판하러 오실
예수 그리스도를 믿습니다   178

    종말론과 미래를 향한 인류의 갈망

3부 성령과 교회와 나의 미래에 대한 고백

11장 나는 성령을 믿습니다 194

성령의 사역_ 거함, 가르침, 증언, 진리 말씀 | 성령 안에서의 삶

12장 나는 거룩한 공교회와 성도의 교제를 믿습니다 212

교회의 토대_ 마태복음 16장에 기록된 베드로의 고백 | 교회의 속성 | 성도의 교제 | 개인주의의 위험성

13장 나는 죄의 용서를 믿습니다 234

아담 안에서 모든 사람이 죽었다_ 인간의 전적 부패 | 말할 수 없이 두려운 죄 | 인류의 희망 | 희망이 이루어졌다

14장 나는 몸의 부활과 영생을 믿습니다 254

죽음에 대한 기독교적 이해 | 죽음에서 부활까지_ 고린도전서 15장 | 영원한 삶

나가는 말 대대로, 또 앞으로 고백할 신앙 274

추천의 글

사도신경, 우리 모두를 하나로 묶는 기독교의 핵심 고백!

"모든 그리스도인은 사도신경에 진술된 내용보다 더 많은 것을 믿는다. 그보다 더 적은 것을 믿는 사람은 아무도 없다!" 앨버트 몰러 박사가 책 서두에서 한 말은 본서의 목적을 잘 요약하고 있다.

사도신경이라는 이 고전적인 신조는 4세기에 처음 등장한 이후로 그리스도인들의 예배에서 줄곧 암송되어왔다. 누구든지 참 신자가 되려면 사도신경을 믿어야 하고, 바로 그런 이유 때문에 많은 사람들은 사도신경이 기독교의 일치를 위한 기본 토대라고 말한다. 사도신경을 우리 모두를 하나로 묶는 '기독교의 핵심'으로 간주하는 것이다. 또 어떤 사람들은 타협할 수 없는 진리들이 사도신경 안에 잘 진술되어 있기 때문에 이 고대의 신조에 동의하는 사람을 모두 참 신자로 인정해야 한다고 주장한다.

사실 사도신경에는 성경의 권위, 인간의 타락, 그리스도의 신성, 구원의 수단(이신칭의)과 같은 핵심 교리들이 빠져 있고, 빌라도의 역할과 그리스도의 죽은 자 가운데 내려가심과 같은 그다지 중요하지 않은 내용이 포함되어 있다.

1681년, 헤르만 위치우스라는 이름의 경건한 네덜란드 개혁 신학자가 라틴어로 사도신경에 관한 일련의 논문을 발표했다(이 논문은 최근에 출판되었다). 그가 그 논문들을 쓴 이유는 이 아름다운 신조의 신학적 의미를 설명하기 위해서였다. 1800년대에 윌리엄 커닝햄(스코틀랜드 자유교회 설립자 가운데 한 명이자 『역사신학 1, 2』의 저자)은 "자신들의 정통성을 입증하는 증거로 사도신경을 채택한 사람들은 그 의미를 설명할 수 있어야 한다"고 말했다.

이제는 그런 사람들이 세대를 거쳐 전해주던 선물을 오늘날 우리가 받아 건네야 할 때가 되었고 드디어 몰러 박사가 그 일을 해냈다. 우리의 신망 있는 친구이자 성경학자인 그는 새롭고 풍성한 교리적 통찰과 정결한 지성의 밝은 빛으로 이 고대의 신조 안에 진술된 보배로운 진리들을 환하게 드러냈다. 모두 이 책을 읽고 그 진리들을 깨우칠 수 있기를 바란다.

_ 존 맥아더, 마스터스신학대학교 총장, 그레이스커뮤니티교회 목사

나는 앨버트 몰러가 쓴 책이라면 무엇이든 다 읽는 습관이 있다. 이미 알고 있는 진리라도 그의 표현과 설명 방식을 거치면 한층 더 선명해지기 때문이다. 오늘날 앨버트 몰러보다 더 큰 열정과 희생정신으로 기독교 진리를 옹호하려고 애쓰는 사람은 찾아보기 힘들다.

이 책은 모든 그리스도인에게 유익하다. 하나님의 진리에 대한 헌신의 열정에 불타오르는 마음으로 성경에 충실한 기독교의 핵심 교리들을 설명

하고 있는 이 책은 참으로 든든하기 그지없다.

_ 리건 던컨, 리폼드신학교 총장

전통적인 예전을 따르지 않는 일부 그리스도인들은 사도신경을 암송하지 않는다. 몰러 박사는 이런 상황을 바꾸고 싶어 한다. 그가 지적한 대로 그리스도인들은 사도신경에 진술된 내용보다 더 많이 믿으면 믿었지 그보다 적게 믿지는 않는다. 사도신경은 잘 알려진 기독교 신앙을 요약하고 있다. 우리는 개인이나 집단 차원에서 이것을 암송할 필요가 있다. 동료 신자들과 함께 사도신경을 규칙적으로 암송하면 '내가 믿사오니'라는 가장 깊은 고백의 말을 시작으로 우리의 신앙을 실질적으로 나타낼 수 있을 뿐 아니라 대대로 이어진 신자들의 대열에 동참할 수 있다. 몰러 박사는 모두 14장에 걸쳐 사도신경의 문구 하나하나에 담긴 신학을 간단명료하게 설명한다. 이 책은 기독교의 근본 진리를 다룬 기초 교본과 다름없다.

_ D. A. 카슨, 트리니티복음주의신학교 신약학 교수,
복음연합(The Gospel Coalition) 공동설립자

이 시대의 가장 뛰어난 신학자 가운데 한 사람인 앨버트 몰러가 사려 깊고 통찰력 있고 성경적인 사도신경 주석을 펴냈다. 명쾌하고 예리한 논리로 중요한 신앙고백을 개괄하고 있는 이 책은 기독교 신앙의 근본 진리들의 의미를 상세하게 밝힌다. 이렇게 흥미롭고 철저하고 확신에 찬 책을 펴낸 것에 대해 목회자들, 기독교 지도자들, 학생들 모두가 감사히 생각할 것이 틀림없다.

_ 데이비드 도커리, 트리니티복음주의신학교 부속 트리니티 국제대학교 학장

고대의 신조가 부패한 세상에 새 생명을 불어넣는 것을 보고 싶다면 반드시 이 책을 읽어야 한다. 몰러 박사는 고대의 신앙에 정통한 신학적 지식과, 오늘날의 문화 속에서 그와 관련해 새롭게 제기되는 문제들에 대한 예리한 식견을 토대로 이 책을 저술했다. 그는 성도에게 단번에 주어진 믿음을 명료하고 단순하게 해설함으로써 그것이 지금도 여전히 세상을 뒤엎을 만한 능력을 지니고 있다는 사실을 분명하게 보여주었다.

_ J. D. 그리어, 서미트교회 목사, 남침례회연맹 총회장

들어가는 말

사도신경, 기독교의 기본 진리를 가르치는 가장 중요한 신앙고백

한 교회사 교수가 사도신경을 암기하라는 과제를 내주었다. 그리고 그 신학교 과제물이 내 신앙생활의 이정표가 되었다. 나는 기독교 신앙의 역사적 주장이 담긴 이 신조를 한 문구, 한 단어도 빼놓지 않고 모두 암기했다. 수업 중에 그 교수가 요구하면 즉시 사도신경을 암송할 수 있도록 몇 시간에 걸쳐 그것을 암기했다. 그리고 어렴풋이 뭔가 특별한 느낌을 받았다.

당시 젊은 학생이었던 나는 이 고대의 신조가 곧 기독교라는 사실을 깨달았다. 이것은 그리스도인들이 믿는 것, 곧 모든 그리스도인이 믿는 것이다. 사도신경은 시간과 공간의 경계를 초월해 거룩하고 사도적인 하나의 믿음으로 모든 참 신자를 연합시킨다. 이 신조는 성경이 가르치는 것을 간결하게 요약하고, 하나님의 구원적 사랑을 일목요연하게 진술하며, 기독교의 핵심을 간단하게 압축한다.

모든 그리스도인은 사도신경에 진술된 내용보다 더 많은 것을 믿는다. 그보다 더 적은 것을 믿는 사람은 아무도 없다.

고대의 그리스도인들은 이 신조를 존중했고, 순교자들은 이 신조를 암송했다. 종교개혁자들도 예배를 드리거나 신자들을 가르칠 때 사도신경을 활용했다. 사람들과 함께 혹은 홀로 예배를 드리며 사도신경을 고백한다는 것은, 초기 그리스도인들, 특히 순교자들에게 죽음을 두려워하지 않는 용기와 희망을 주었던 바로 그 언어로 기독교 신앙의 진리를 선언한다는 의미다. 이 사실을 알면 큰 능력이 느껴진다.

사도신경 암기는 내게 주어진 과제 중 가장 중요한 과제였다.

"나는 믿는다"(I believe), 이 두 단어는 인간이 말할 수 있는 가장 강력한 말 가운데 하나로, 영생의 문을 여는 문이요 기독교 신앙의 토대다. 믿음은 그리스도인들의 신실함의 핵심이며 그리스도인들에게 있어서 기독교의 시작이다. 우리는 믿음으로 진리를 받아들임으로써 그리스도 안에서 영원한 생명을 발견한다.

기독교는 인간의 '신념'을 믿지 않는다. 기독교는 명제적 진리, 곧 예수님은 그리스도요 하나님의 아들이자 죄인들의 구주라는 진리를 믿는다. 우리는 우리의 상상으로 빚어낸 그리스도가 아닌 성경이 가르치는 그리스도, 곧 참된 그리스도인들이 대대로 믿었던 그리스도를 믿는다.

더 나아가 그리스도만을 믿는 데 그치지 않고 그분이 제자들에게 가르치신 모든 진리를 믿는다. 마태는 예수님이 제자들에게 자기가 분부한 모든 것을 다른 사람들에게 가르쳐 지키게 하라고 명령하셨다고 기록했다(마 28:18-20). 따라서 믿음이나 가르침이나 그리스도에 대한 복종이 없는 기독교는 기독교가 아니다.

무엇을, 어떻게 믿어야 하는지를 알려면 어떻게 해야 할까? 당연히 하나님의 말씀인 성경을 살펴봐야 한다. 성경은 무오하고 충족한 신앙의 유일한 규칙이다. 그리스도인이 성경으로 돌아가는 것은 항상 옳다. 성경은 오류가 없고 온전히 신뢰할 수 있으며 참되다.

성경의 글자 하나하나는 하나님의 영감으로 기록되어 있다. 성경에 무엇을 더하거나 빼는 것은 옳지 않다. 신약성경을 읽으면 그리스도께서 사도들(그리스도께 직접 가르침을 받은 사람들)에게 전하신 믿음을 발견할 수 있다. 그리스도께서 사도들에게 가르치신 것에 일치하지 않는 신조는 모두 거짓이요 구원의 능력이 없는 종교일 뿐이다.

신약성경은 "성도에게 단번에 주신 믿음의 도"(유 1:3)를 참된 기독교로 간주한다. 참된 기독교는 진리, 곧 교회에 단번에 주어졌고 신자들이 대대로 소중히 간직해온 교리들을 믿는 신앙에 근거한다.

이것은 기독교의 가장 큰 기적 가운데 하나로서, 모든 그리스도인이 2000년 동안 똑같은 핵심 교리를 믿어온 이유를 잘 설명해준다. 우리도 똑같은 믿음을 다음 세대에게 물려줄 것이다. 또한 우리는 사도들처럼 예배하고 전하고 가르쳐야 한다.

그러려면 먼저 성경을 살피고 또 기독교 신앙을 역사적으로 충실하게 요약한 신조, 보편적으로 존중된 역사적 신조인 사도신경을 살펴봐야 한다. 교회는 초창기부터 진리를 주장하고 오류를 논박해야 하는 이중적 도전에 직면해왔다. 그리고 오랜 세월 동안 참된 기독교를 정의하고 옹호하기 위해 다양한 형태의 신조와 신앙고백을 만들었다.

우리가 사도신경으로 알고 있는 신조는 십계명과 주기도와 더불어 오랫동안 변함없이 기독교 신앙을 가르치는 가장 중요한 도구 가운데 하나로 활용되어왔다. 사도신경은 사도들이 작성한 것은 아니지만, 그리스도께서 그들에게 가르치신 믿음을 표현하고 요약하려는 초기 교회의 노력을 반영한다. 초기 그리스도인들은 사도신경을 '신앙의 규칙'이라 일컬으면서, 예배를 드리거나 충실한 신자들을 가르칠 때마다 그것을 활용했다.

오늘날 왜 사도신경인가?

그렇다면 오늘날 사도신경을 다룬 책이 왜 필요한가? 이 시대를 살아가는 우리에게 사도신경은 어떤 의미이며 그것을 살펴보는 것인 어떤 점에서 유익한가?

고대의 신조를 충실히 지켜야 한다는 생각을 이상하게 여기는 사람들도 있고, 성경 외에 그 어떤 신조도 있을 수 없으며 '신조가 아닌 그리스도'를 믿어야 한다고 주장하는 사람들도 있다. 그러나 우리에게는 성경의 가르침을 간결하게 요약한 것이 필요하다. 참된 기독교를 인정하고 거짓 교리를 논박하려면 교회 안에 확실한 판단 기준이 마련되어 있어야 한다.

어떤 이들은 교리 없는 신앙을 추구하겠다는 생각으로 사도신경을 거부하기도 한다. 형식적인 교리나 교리적인 명령을 요구하지 않는 기독교를 주장하려는 사람들도 있다. 그러나 이것은 너무나도 위험천만한 일이 아닐 수 없다. 실제로 교회사를 돌아보면 그런 시도들이 많았고, 교리의 뼈대가 없는 탓에 신앙이 무너져 사람들의 삶이 무참하게 파괴된 흔적들이 곳곳에서 확인된다.

교리 없는 기독교라는 개념은 그리스도의 말씀과 크게 상충된다. 그리스도께서는 교리적인 표현을 사용해 사도들에게 자신을 계시하셨다. 가령 그분은 자신을 인자로 일컬으셨고, 요한복음에서 "나는 …이다"라는 표현을 거듭해서 사용하셨다(요 4:26; 6:35; 8:12 등을 참조하라-역자주). 이 표현은 불붙은 가시떨기에서 모세에게 밝히신 하나님 자신의 이름과 일맥상통한다.

또한 교리 없는 기독교는 그리스도께서 사도들에게 명령하신 일과도 충돌을 일으킨다. "모든 민족을 제자로 삼아 아버지와 아들과 성령의 이름으로 세례를 베풀고 내가 너희에게 분부한 모든 것을 가르쳐 지키게 하라"(마 28:19-20)는 그리스도의 이 명령은 교리를 요구하고 있기 때문이다.

한 위대한 교회사 학자가 말한 대로, 교리는 '교회가 하나님의 말씀에 근거해 믿고 가르치고 고백하는 것'을 의미한다.[1] 믿고 가르치고

---

1) Jaroslav Pelikan, *The Emergence of the Catholic Tradigion* (Chicago: Chicago University Press, 1971), 1.

예배하는 교회라면 어느 교회든 교리를 가지고 있게 마련이다. 우리가 생각해야 할 질문은 "그것이 올바른 교리, 올바른 가르침인가?" 하는 것이다.

사도신경은 시대를 초월한 기독교 신앙의 정수다. 사도신경은 "어떻게 해야 구원을 받을 수 있는가?"라는 가장 중요한 질문에 대답해줄 영광스러운 진리를 가르치고 보호하는 역할을 한다.

빌립보의 간수도 바울에게 똑같은 질문을 했다. 바울은 그에게 "주 예수를 믿으라 그리하면 너와 네 집이 구원을 받으리라"(행 16:31)고 대답했다. 이 대답은 기독교 신앙의 가장 중요한 요소가 믿음이라는 사실을 분명하게 보여준다.

믿음은 예수 그리스도라는 대상을 지향한다. 성경은 신자들이 소중히 여겨 굳게 확신해야 할 근본 진리들을 가르친다. 신조는 충실한 기독교적 증언에 필요한 진리를 추구하도록 돕는다. 사도신경은 거의 2000년 동안 교회 안에서 기독교 교리의 핵심을 요약한 훌륭하고 유서 깊은 신조로 존재해왔다. 사도신경은 진리와 오류, 빛과 어둠, 생명과 죽음을 구별한다. 한마디로 사도신경은 교회를 인도하는 정통주의의 지표가 아닐 수 없다.

사도신경의 각 행은 "나는 믿는다"를 뜻하는 라틴어 '크레도'로 시작한다. 바울이 빌립보 간수에게 대답한 것처럼 사도신경도 기독교적 삶과 믿음을 긴밀하게 연관시킨다. 그리스도인들은 믿음을 지닌 사람들이다. 그들은 성경이 객관적인 진리라고 주장하는 것을 믿는다.

그러므로 진리는 옳고 그름에 대한 주관적인 감정에 근거하지 않고 예수 그리스도의 보혈이라는 객관적인 현실에서 비롯한다. 하나님은 그런 객관적인 현실을 통해 온 인류를 향한 자신의 뜻과 목적과 영광을 계시하셨다.

진리는 하나님이 그리스도 안에서 죄인들을 위해 이루신 사역에 근거한다. 교회는 이 진리를 인정하기 때문에 그리스도인들이 본질적이고 영광스러운 사실로 믿는 것을 신조를 통해 확증하고 소중히 간직하기를 원했다. 신조가 영광스러운 이유는 진리의 영광과 그리스도의 영광을 온전하게 드러내기 때문이다.

따라서 사도신경을 연구하는 것은 오늘날과 같은 시대에 매우 적절한 일이 아닐 수 없다. 문화적 혁신이 서구 사회를 온통 휩쓸며 현실과 허구의 경계선을 모호하게 만들고 있다. 모든 기독교 교파가 이런 일시적인 문화적 혁신에 무릎을 꿇고, 믿음의 근본 진리를 포기하고 말았다. 교회는 그런 굴복으로 인해 하나님의 백성이라는 자신의 정체성을 상실했다.

따라서 모든 교회는 사도신경에 진술된 교리들에 대한 열정을 새롭게 불살라야 한다. 사도신경의 모든 '크레도'는 하나님의 백성이 믿고 또 항상 믿어왔던 진리의 본질과 토대를 간결하게 요약한다. 그리스도인들은 하나로 뭉쳐 성경의 근본 진리 위에 굳게 서야 한다.

사도신경을 공부해야 하는 이유

교부들이 사도신경과 같이 성경의 가르침을 충실하게 요약한 내용을 교회에 제공하기 위해 그토록 많은 노력을 기울인 이유는 이 사실을 올바로 이해했기 때문이다. 사도신경이 교회에 유익하고 필요한 이유는 크게 일곱 가지다. 사도신경을 공부할 때는 이 일곱 가지 이유를 염두에 두어야 한다.

1. 신조는 진리가 무엇인지를 밝힌다

예수 그리스도께서는 제자들에게 "진리를 알지니 진리가 너희를 자유롭게 하리라"(요 8:32)고 말씀하셨다. 신조가 성경의 진리를 올바로 진술하고 있는 한 우리는 그것을 반드시 공부해야 한다. 그 이유는 신조가 신앙의 진리들을 개괄하고 있기 때문이다.

진리는 하나님의 백성을 죄와 부패와 죄 아래에서 절망하는 세상으로부터 자유롭게 한다. 하나님과 복음의 영광스러운 광채를 통해 인류에게 영원한 소망을 가져다준다. 신조는 이런 진리를 가르치기 때문에 죄에 속박된 사람들을 자유롭게 하는 능력을 지닌다.

2. 신조는 오류를 바로잡는다

진리는 오류의 존재를 전제한다. 그러나 오늘날의 세대는 진리의 존재를 인정하지 않는다. 아마도 이런 세대는 역사상 처음일 것이다. 교회는 설립 당시부터 이단과 거짓 교리가 존재하며 그것들이 하나님의 백성을 크게 위협한다는 사실을 분명하게 이해했다.

신학적인 오류만큼 교회와 세상을 더 크게 위협하는 오류는 없다. 기독교의 핵심 교리를 부인하는 이단은 진리에서 이탈함으로써 영원히 돌이킬 수 없는 결과를 초래한다. 따라서 교회가 진리를 가르치고 오류를 논박하려면 신조가 필요하다.

3. 신조는 하나님의 백성을 위한 규칙과 기준을 제공한다

신조는 우리의 가르침과 교훈을 지켜주는 보호막과 같은 기능을 한다. 즉 건전한 신학적 논의와 발전을 위한 기준점과 지켜야 할 규칙을 제공함으로써 교사들이 오류를 저지르지 않도록 보호하는 것이다.

다른 충실한 신조들과 마찬가지로 사도신경의 가장 중요한 기능 가운데 하나도 교회를 도와 새 신자들을 가르치고 준비시켜 믿음 안에서 충실하게 성장할 수 있도록 하는 것이다. 초기 교회의 신자들은 사도신경의 문장을 하나씩 언급하며 자신의 믿음과 참된 기독교 신앙의 고백을 확증하라는 요구를 받았다.

4. 신조는 예배하는 법과 신앙을 고백하는 법을 가르친다

사도신경은 기독교 신앙의 가장 숭고하고 영광스러운 진리들을 개괄한다. 따라서 우리의 영혼 속에서 하나님에 대한 찬양과 진정 어린 예배가 자연스레 우러나게 만든다. 신조는 하나님을 예배하고, 그분의 이름을 옳게 찬양할 수 있게끔 도와주는 가장 귀한 진리들을 언급함으로써 교회를 예배 가운데로 인도한다. 공중예배를 통해 모두의 목소리가 한데 합쳐져 "나는 믿는다"가 "우리는 믿는다"로 바뀌는 순간, 살아 있는 신자들과 이미 그리스도와 함께 있는 신자들이 모두 하나가 된다.

5. 신조는 우리를 선조들의 믿음과 연결시킨다

작고한 역사신학자 야로슬라프 펠리칸은 "전통은 죽은 자들의 산 믿음이고, 전통주의는 산 자들의 죽은 믿음이다"라고 말했다.[2] 교회사의 기록물들과 훌륭한 신조들을 살펴보면 오늘날의 그리스도인들이 소유하고 있는 귀한 유산들이 많이 발견된다.

믿음의 경주를 충실하게 끝마친 사람들의 신실한 증언을 담고 있는 사도신경은 단지 문자로 작성된 기록 이상의 의미를 지닌다. 우리도 그들은 물론, 그들을 넘어서 멀리 사도들에게까지 거슬러 올라가는 믿음의

---

[2] Jaroslav Pelikan, *The Vindication of Tradition* (New Haven: Yale University Press, 1986), 63.

전통을 계승하기를 염원한다.

6. 신조는 믿음을 요약한다

어떤 신조도 성경을 대체할 수는 없다. 그러나 앞서 말한 대로 신조가 기독교적 삶에 불필요하다는 의미는 결코 아니다. 성경 외에 어떤 신조도 필요하지 않다고 주장하는 사람들은 성경적인 기독교를 유지하는 데 크게 유익한 수단을 상실했다고 말할 수 있다. 이런 이상한 입장을 취하는 사람들은 신조나 신앙고백의 참된 의미를 이해하지 못한다.

신조나 신앙고백은 성경을 대체하기 위해 만들어진 것이 아니다. 그것들의 목적은 성경의 내용을 간결한 말로 요약함으로써 그리스도인들에게 신앙의 핵심 진리를 주지시키는 데 있을 뿐이다.

7. 신조는 참된 기독교적 일치에 기여한다

사도신경은 참된 연합의 줄로 모든 그리스도인을 하나로 묶는 역할을 한다. 교회의 신조와 신앙고백은 하나님이 계시하신 영원한 진리로 모든 시대의 신자들을 하나로 연합한다. 신조는 교리의 장벽을 뛰어넘게 만든다. 다시 말해 시대를 막론하고 온 세상의 그리스도인들이 신조를 통해 믿음의 기둥, 곧 기독교 신앙의 핵심을 중심으로 하나가 될 수 있다. 참된 기독교적 연합은 진리를 무시한 연합이 아니라(이런 현상이 갈수록 더 심해지고 있다) 그리스도께서 계시하신 진리를 중심으로 한 연합을 의미한다. 사도신경은 하찮고 평범한 형태의 기독교적 진리를 고백하는 것이 아니라 기독교 신앙을 가장 강력하게 표현한 진술을 통해 참된 기독교의 장엄함을 분명하게 드러낸다.

가장 훌륭한 신조 중 하나인 사도신경은 기독교 신앙의 근본 진리를 진술한다. 그 안에는 지극히 위대하고 영원한 진리들이 담겨 있다.
사도신경은 측량할 수 없는 하나님의 풍성함과 그리스도에 대한 지극히 뛰어난 지식과 하나님의 백성이 지니는 참된 신학적 정체성을 분명하게 보여준다. 이것이 사도신경을 한 장에 한 문구씩 자세히 살펴보면서 그 안에 담겨 있는 보배로운 진리들을 발견하려고 노력하는 이유다.

1부
하나님에 대한 고백

1장

나는 전능하신 아버지 하나님을 믿습니다

과연 우리는 하나님을 거론조차 할 수 있을까? 우리가 무슨 권리로 그분을 아버지라 부를 수 있는 것일까? 감히 하나님을 거론하기조차 어려운데, 어떻게 전능하신 하나님을 우리의 아버지로 부를 수 있다는 말인가?

그러나 그리스도인들은 하나님을 그렇게 부른다. 예수님이 그렇게 부르라고 가르치셨기 때문이다. 예수님은 제자들에게 "하늘에 계신 우리 아버지여"(마 6:9)라고 기도하라고 말씀하셨다.

현대 신학자들은 성경의 하나님을 어려운 문제로 생각해왔다. 처음 신학생이 되었을 때 나는 하버드대학교의 신학자 고든 카우프만이 저술한 『하나님-문제』(God the Problem)라는 책을 과제물로 할당받았다.[1] 카우프만은 1966년 4월 8일자 〈타임〉지의 "신은 죽었는가?"라는 제목의 표지 기사로 온 나라를 들썩이게 만든 지 불과 몇 년 후에 이 책을 저술했다.

그 표지 기사에서 카우프만은 많은 신학자와 자유주의 교수들이 더 이상 하나님을 믿지 않는다고 말하면서 현대 신학자들이 전적으로 새로운 언어를 만들어 하나님에 관해 말해야 할 필요가 있다고 주장했다. 성경에서 발견되는 언어는 시대착오적이기 때문에 현대 사상가들의 사고에 적합하지 않다고 생각했던 것이다.

또한 그는 신학자들이 '하나님'이라는 용어가 여전히 유의미하다고 주장할 수 있는 새로운 방법을 발견해야 한다고 주장했다. 과거의 신학에 존재하던 하나님은 더 이상 존재하지 않기 때문에 신학자들은 하나님을 현실적인 존재로 말할 수 있는 새로운 방법을 찾아야 한다는 것이다.

하지만 카우프만은 실제로 그분을 현실적인 존재로 말하는 것을 탐탁하게 생각하지 않았다. 결국 그의 책은, 하나님을 믿지 않는 신학자라도 하버드대학교와 같은 학교들에 계속 고용되어 일할 수 있어야 한다고 주장하는 것 외에는 다른 목적이 없었던 셈이다.

며칠 뒤 학교에서 한 익명의 학생이 칠판에 풍자적인 그림을 하나

---

[1] Gordon D. Kaufman, *God the Problem* (Cambridge, MA: Harvard University Press, 1972).

그려놓았는데 그것은 '고든 카우프만-문제 by 하나님'이라는 그림이었다. 모든 학생이 그 의미를 즉각 알아차렸다. 만일 신학적인 문제가 있다면 그 문제는 하나님이 아닌 우리 자신이다.

카우프만이나 사신신학자(the "God is dead" theologians, 하나님이 죽었다고 선포하는 현대 신학의 한 부류로 '신 죽음의 신학'이라고도 한다-편집자 주)들과 달리 우리는 하나님에 관해 말하는 법을 알고 있다. 우리는 하나님이 어떤 분이신지 안다.

우리가 알 수 있는 이유는 하나님이 말씀하셨기 때문이다. 하나님은 자연과 성경을 통해 자신을 계시하셨다. 현대 신학은 성경과 하나님의 권위를 존중하지 않는다. 이것이 현대 신학과 성경적인 기독교의 차이다.

성경에 기록된 하나님의 자기 계시를 의존하지 않고 사변과 추측을 신학적 수단으로 삼는 현대 신학자들이 너무나도 많다. 그 가운데 많은 것이 포스트모던 시대의 대중 영성 안으로 유입되었다. 이 영성은 역사적인 기독교나 성경적인 가르침과는 아무런 관계가 없다.

대중 영성은 자기 계발 세미나, 인기 도서, 텔레비전 토크쇼에 만연해 있다. 그런 영성을 추구하는 사람들은 '초자연적인 것', '신성한 것', '신비로운 것', '거룩한 것', '성스러운 것', '무조건적인 것', '존재의 근원'에 관해 말한다. 그러나 애매모호하고 희미하고 불분명한 신은 아무도 구원할 수 없다.

오직 하나님만이 구원하실 수 있다. 두루뭉술하게 일반화된 신들은 하찮은 우상에 지나지 않는다. 그들 중 누구도 성경에 자기를 계시하신 하나님을 대체할 수 없다. 오늘날 그리스도인들에게 절실히 필요한 것은 역사적인 기독교, 곧 사도들의 풍성한 교리적 신념과 복음 전도의 열정을 통해 생겨난 기독교로 되돌아가는 것이다.

자기를 계시하시는 하나님

토저는 "하나님을 생각할 때 우리의 마음속에 떠오르는 것이 우리에 관한 가장 중요한 사실이다"라는 말로 기독교의 제자직을 훌륭하게 요약했다.[2] '하나님'이라는 용어가 우리의 예배 및 신학의 진실성에 관한 모든 것을 말해준다는 교회의 말은 과연 무슨 의미일까?

그 말은 곧 하나님에 관한 그릇된 개념에서 시작하면 기독교 신앙 전체를 오해할 수 있다는 뜻이다. 이것이 이단들과 거짓 교사들이 종종 삼위일체 교리를 거부하는 데서 출발하는 이유다. 성경에 자기를 계시하신 하나님을 거부하면 다른 모든 것도 거부하게 마련이다.

교회는 사도 시대 이후로 줄곧 "나는 전능하신 하나님 아버지를 믿는다"(Credo in Deum Patrem Omnipotentem)라는 문구를 믿음의 토대로 삼아 왔다. 사도신경은 단지 "나는 하나님을 믿는다"는 말로 시작하지 않는다. 사도신경은 그런 단순한 진술을 넘어서서 하나님의 정체성과 속

---

[2] A. W. Tozer, *The Knowledge of the Holy* (New York: Harper One, 1961), 1.

성을 묘사한다.

기독교는 추상적인 신이나 '어떤 신'의 개념 위에 건설되지 않았다. "우리는 신비한 것을 믿는다. 초자연적이고 신성하고 성스러운 것의 이름으로 이 자리에 있다"는 식으로 고백하지 않는다. 우리는 이른바 '삼중 무조건자'(三重 無條件者)나 한갓 사변에서 비롯된 명칭들을 내세워 한자리에 모이지 않는다.

성경에 따르면 모든 사람은 비록 하나님에 대한 지식을 거부할지라도 그분이 존재하신다는 사실은 알고 있다. 바울이 말한 대로 하나님의 "보이지 아니하는 것들 곧 그의 영원하신 능력과 신성이 … 분명히 보여 알려졌"다(롬 1:20). 문제는 인간이 그 진리를 거부하고 불의로 진리를 억압하는 데 있다(롬 1:18).

무한히 큰 혼란과 치명적이고 무익한 사변은 진리를 억압한 데서 비롯한 결과다. 인간은 만물 안에 자기를 계시하신 하나님께로 돌이키지 않고, 스스로를 위해 우상을 만들어내거나 하나님의 존재를 부인한다. 성경은 그런 태도를 우둔한 것으로 단죄한다(시 14:1).

하나님의 자기 계시가 없었다면 우리는 온통 혼란에 휩싸였을 것이다. 우리는 참되신 하나님을 올바로 알 수 있을 만큼 충분히 지혜롭거나 명철하거나 통찰력이 뛰어나지 못하다. 이것이 하나님의 자기 계시가 그토록 은혜로운 이유다.

복음주의 신학자 칼 헨리가 잘 설명한 대로 하나님은 '피조물들이 자기를 알 수 있게 하기 위해 자신의 사적인 비밀을 공개할 만큼' 우리

를 사랑하신다.[3]

하나님이 자신의 사적인 비밀을 공개하지 않으셨다면, 곧 자기를 우리에게 계시하지 않으셨다면 우리도 성경을 믿지 않는 사람들과 똑같이 혼란에 휩싸인 채 한갓 사변을 일삼았을 것이다. 오직 성경만이 하나님이 누구시고 우리가 누구인지를 정확하게 보여줄 수 있다.

인간의 마음은 부패했기 때문에 하나님의 자기 계시가 없으면 진리를 알 수 없다. 칼뱅은 타락한 인간의 마음을, 상상을 통해 끊임없이 새로운 우상들을 빚어내는 '우상들의 공장'으로 묘사했다.[4] 때로 이런 우상들은 유형적인 형태를 취하기도 하지만 우리 시대의 우상들은 대부분 철학적이고 이데올로기적인 형태를 취한다.

이런 사실은 몇 십 년 전에 영국의 사회학자들이 영국민의 종교적인 신념, 특히 하나님에 대한 믿음을 주제로 대규모의 연구 조사를 실시할 때 여실히 드러났다.[5] 많은 사람들이 신의 존재를 믿는다고 대답했지만 그들이 믿는 신은 역사에 개입하는 인격적인 신이나 그리스도의 인격과 사역과는 아무런 관계가 없었다.

한 응답자의 대답에 그런 신의 개념이 간결하게 요약되어 나타난다. 그는 "당신이 믿는 신은 어떤 신인가?"라는 질문에 "그냥 일반적인 신

---

[3] Carl F. H. Henry, *The God Who Speaks and Shows*, Vol. 3 of *God, Revelation, and Authority* (Wheaton: Crossway, 1999), 405.

[4] John Calvin, *Calvin: Institutes of the Christian Religion*, ed. John T. McNeill, trans. Ford Lewis Battles, 2 vols. (Philadelphia: Westminster, 1960), 1:108.

[5] N. Abercrombien, "Superstition and Religion: The God of the Gaps", *A Sociological Yearbook of Religion in Britain* (London: SCM press, 1970), 93-129.

이요"라고 대답했다.

우리가 동네나 일터에서 마주치는 사람들 가운데 많은 이들이 '일반적인 신'을 믿는다. 더욱 당황스러운 사실은 우리와 함께 예배를 드리는 사람들 가운데도 '일반적인 신'을 믿는 사람들이 많다는 것이다. 이 신은 성경의 하나님이 아니다. 사도신경의 첫 마디에 언급된 하나님은 일반적인 신이나 철학자의 신이 아닌 성경에 자신을 계시하신 거룩한 하나님을 가리킨다.

기독교의 정체성은 전능하신 하나님 아버지에 대한 고백에 근거한다. 기독교 신앙의 내용은 존재하고, 말씀하고, 자기를 계시하시는 하나님을 인정하는 데서 출발한다.

사도신경은 "전능하신 하나님 아버지를 믿습니다"라는 고백으로 기독교 신앙의 본질적인 내용, 곧 하나님의 삼위일체적인 본성을 처음부터 분명하게 드러낸다. 이 확신이 없으면 기독교는 논리적인 일관성을 유지할 수 없다.

우리의 아버지_ 인격적인 하나님

사도신경도 성경처럼 삼위일체의 제1위격께서 자신을 우리에게 '아버지'로 계시하셨다고 진술한다. 하나님은 알 수 없는 소원한 신이 아니라 우리와 인격적인 관계를 맺으시는 분이다. 하나님은 어떤 힘이나 원리나 '고차원적인 능력'이 아니다. 그분은 자신을 우리 주 예수 그리스도의 아버지로 계시하셨다(엡 1:3).

구약성경에는 하나님을 '아버지'로 계시한 대목들이 많다. 가령 하나님은 이스라엘의 아버지로 묘사되며(신 32:6) 하나님의 부성적 사랑은 구약성경 전반에 걸쳐 나타난다. 호세아 선지자는 하나님이 이스라엘을 자식처럼 보살피셨다고 말했고(호 11:1-4) 다윗은 하나님을 "고아의 아버지"로 일컬었다(시 68:5).

하나님이 아버지로 계시된 것은 예수님의 생애와 사역을 통해 가장 온전하게 이루어졌다. '아들'이신 예수님은 성부 하나님과 독특한 관계를 맺으셨다. 그분은 "나와 아버지는 하나이니라"(요 10:30)고 주장하셨고 또한 "내가 하늘에서 내려온 것은 내 뜻을 행하려 함이 아니요 나를 보내신 이의 뜻을 행하려 함이니라"(요 6:38)고 말씀하셨다.

성부와 성자의 결합은 인간적인 관계를 초월한다. 그것은 성부, 성자, 성령이라는 삼위일체의 신비에 근거한다. 삼위일체의 관계, 곧 성삼위 하나님이 하나로 존재하시고 한 분 하나님 안에 세 위격이 존재한다는 진리를 올바로 이해하면 성경의 하나님, 곧 초월적이면서 인격적인 하나님과 어떻게 관계를 맺어야 할지를 알 수 있다.

하나님을 '우리 아버지'로 부르라고 가르치신 분은 다름 아닌 예수님이셨다. 그분은 "하늘에 계신 우리 아버지여 이름이 거룩히 여김을 받으시오며"(마 6:9)라는 말씀으로 제자들에게 기도를 가르치셨다. 이 말씀은 우리가 하나님께 기도할 수 있을 뿐 아니라 그분을 '아버지'로 부르며 기도할 수 있다는 의미를 담고 있다.

삼위일체의 관계와 성부의 역할에 대한 이해는 단순히 이론적 차원에 머물지 않고 모든 신자의 삶을 지탱하는 기둥과도 같은 기능을 한다. 헬무트 틸리케는 탕자의 비유를 가리켜 '기다리는 아버지의 비유'로 이해하는 것이 더 낫다고 말했다.[6]

그 이유는 그 비유가 회개하고 돌아오는 사람들에게 구원과 사랑을 아낌없이 베푸시는 인격적인 하나님을 묘사하고 있기 때문이다. 우리는 하나님의 참된 아들이신 그리스도와의 연합을 통해 그분의 자녀들이 된다. 바울이 말한 대로 우리가 자녀이면 또한 하나님의 나라를 유업으로 받을 상속자들이다(갈 4:7).

안타깝게도 하나님의 부성에 관한 교리를 그릇 사용해 그분의 성품을 잘못 나타내며 하나님과 그분의 구원 사역에 관한 이단 사상을 고무하는 신학자들이 많았다. 19세기 자유주의자들이 특히 그런 잘못을 많이 저질렀다.

그들은 그리스도 밖에 있는 사람들까지 아무나 하나님의 부성적인 사랑을 주장할 수 있다고 가르쳤다. 많은 역사가들이 지적한 바와 같이 19세기 자유주의자들은 오직 '하나님의 부성애와 인간의 형제애'라는 두 가지 원리에만 관심을 집중했다.

물론 하나님은 자신이 창조한 모든 피조물의 '아버지'가 되시며 자신의 섭리 안에서 모든 인간을 보살피신다. 사람들이 세상 곳곳에서 호

---

[6] Helmut Thielicke, *The Waiting Father: Sermons on the Parables of Jesus* (Cambridge: Lutherworth Press, 2015).

흡하며 존재한다는 사실 자체가 창조주께서 피조물을 아버지처럼 은혜롭게 보살피고 계시다는 증거다.

그러나 그렇다고 해서 하나님이 구원의 문제와 관련해서까지 모든 사람의 '아버지'가 되시는 것은 아니다. 성경은 우리가 그리스도와 연합함으로써 하나님의 가족으로 입양될 때만 비로소 그분의 자녀가 될 수 있다고 분명하게 가르친다(갈 4:4-5; 엡 1:4-5).

〈침례교 신앙고백〉(The Baptist Faith and Message 2000)은 이 점을 다음과 같이 잘 요약했다.

> 하나님은 아버지로서 은혜의 목적에 따라 섭리적 보살핌을 베풀어 우주와 피조물과 인간 역사의 전개 과정을 다스리신다. 그분은 전지하고, 전능하며, 무한히 지혜롭고, 사랑이 무궁하시다. 하나님은 예수 그리스도를 믿는 믿음으로 자신의 자녀가 된 자들에게는 진정한 아버지가 되시고, 모든 인간에게는 아버지처럼 자애롭게 처신하신다.

인간이 갖가지 자원과 양식을 풍족하게 누리며 살아가고 있다는 사실 자체가 하나님이 아버지처럼 인류를 돌보고 계신다는 증거다. 하나님이 날마다 보살피지 않으시면 우리의 삶은 급속히 쇠퇴하고 말 것이다. 그 이유는 우리가 "그를 힘입어 살며 기동하며 존재하기" 때문이다(행 17:28). 삶 자체가 하나님의 선물이다.

한편 하나님을 인류의 창조주이자 유지자로 믿는 것은 어떤 형태의 보편주의도 용납하지 않는다.

하나님이 "그 해를 악인과 선인에게 비추시며 비를 의로운 자와 불의한 자에게 내려주"신다(마 5:45)는 사실을 인정하는 것과 "하나님이 아버지이기 때문에 모든 사람을 구원해야 할 책임이 있으시다"라고 말하는 것은 서로 아무런 관계가 없다. 예수님은 "나를 본 자는 아버지를 보았거늘"(요 14:9)이라고 말씀하셨다. 그 이유는 그분과 하나님이 하나이시기 때문이다(요 10:30). 우리는 오직 성자 예수님을 통해서만 성부 하나님을 알 수 있다.

하나님, 우리의 어머니?

보편주의 외에 아버지이신 하나님의 개념을 또 다른 각도에서 논박하려고 애쓰는 신학자들이 있다. 예를 들어 여성주의 신학자들은 하나님을 아버지로 일컫는 것 자체를 거부한다. 그들은 '아버지'라는 칭호를 고대의 억압적인 가부장제를 나타내는 증거로 간주한다. 메리 댈리는 "하나님이 남성이라면 남자가 곧 하나님이다"라는 말을 한 것으로 유명하다.[7]

그러나 이 말은 여러모로 문제가 많다. 하나님을 아버지로 일컫는다고 해서 그분이 성별을 지니고 계신다는 의미는 결코 아니다. 우리는

---

[7] Mary Daly, *Beyond God the Father: Toward a Philosophy of Women's Liberation* (Boston: Beacon Press, 1973), 19.

단지 성경이 말씀하는 대로 말할 뿐이다. 하나님은 성부와 성자와 성령으로 존재하신다. 이 말은 하나님이 인간과 같은 방식의 성별을 지니고 계신다는 의미가 아니다. 칼 헨리를 이렇게 말했다.

> 성경의 하나님은 성별이 없으시다. 성경이 하나님을 '그'라는 대명사로 지칭하는 것은 남성성이 아닌 인격성을 나타내기 위해서다. 그 말은 하나님의 인격성을 강조한다. 다시 말해 성부와 성자와 성령으로 구별되는 삼위일체 하나님은 비인격적인 실재와는 극명하게 대조된다.[8]

이런 남성적 표현은 성경의 기본 언어에 해당한다. 이것은 삼위일체의 현실(성부, 성자, 성령)을 이해하기 위한 필수 언어다. 따라서 이것을 함부로 고치면 예배가 달라지고 거짓 신이 만들어진다. 우리는 이 표현을 고치라고 요구할 권리가 없다.

그러나 지난 40년 동안 일부 신학자들과 성경 번역자들은 하나님에 관한 성경의 '남성적' 표현을 바꿔야 한다고 주장해왔다. 그 결과 몇몇 교단들은 하나님을 일컫는 표현을 다르게 고쳐 그분을 여성적으로 묘사한 새로운 찬송가와 예전들을 발행했다.

2006년 미국 장로교회는 교단 소속 교회들이 성삼위 하나님을 새로운 칭호로 일컫는 실험을 허락하는 보고서를 채택했다. 그들은 그런

---

8) Carl F. Henry, *God, Revelation and Authority* (Illinois: Crossway, 1999), 5:159.

칭호들이 성부, 성자, 성령을 대체하는 것이 아니라 그것들을 보완하는 역할을 한다고 주장했다.[9]

그 보고서에 따르면 성삼위 하나님을 일컫는 전통적인 호칭 외에도 '무지개, 아치, 비둘기',[10] '반석, 모퉁잇돌, 성전',[11] 심지어는 '태우는 불, 가르는 칼, 산을 녹이는 폭풍'과[12] 같은 표현을 사용할 수 있다. 이런 새로운 호칭 가운데 가장 여성적인 표현은 '자애로운 어머니, 사랑스러운 자녀, 생명을 주는 모태'다.[13]

이런 호칭들로 불리는 '삼위일체 하나님'은 성경의 하나님이 아니라 우상에 지나지 않는다.

또 어떤 사람들은 '아버지'라는 용어가 많은 사람들에게 학대하는 아버지나 무책임한 아버지를 상기시킨다는 이유를 들어 하나님을 그렇게 부르기를 거부한다. 그들은 그런 서글픈 상황을 고려하면 그런 용어를 더 이상 사용해서는 안 된다고 주장한다.

자상하고 사랑 많은 아버지의 보살핌을 제대로 받지 못한 채 자라는 아이들이 많은 것은 참으로 불행한 일이지만 그렇다고 해서 아버지에 대한 우리의 부정적인 인식을 하나님의 부성에 투영하는 것은 온당하지 않다.

---

9) 217th General Assembly Council, "The Trinity: god's Love Overflowing", 2006.
10) 217th General Assembly Council, 398-99.
11) 217th General Assembly Council, 420-21.
12) 217th General Assembly Council, 423-24.
13) 217th General Assembly Council, 408-409.

오히려 우리는 성경에 계시된 하나님의 성품과 존재를 이상적인 부성으로 간주해야 마땅하다.

성부 하나님이 인간 아버지를 규정하는 기준이시다. 이를 역으로 뒤집어 생각하는 것은 옳지 않다. 인간 아버지가 마땅히 따라야 할 기준이 존재한다는 사실은 이상적인 아버지가 실제로 존재한다는 증거다. 따라서 부성을 올바로 이해하고 참된 가정생활을 이루려면 조금도 주저하거나 머뭇거리지 말고 "전능하신 하나님 아버지를 믿습니다"라고 고백해야 한다.

전능하신 아버지

사도신경은 단지 "하나님 아버지를 믿습니다"라고만 말하지 않고 "전능하신 하나님 아버지를 믿습니다"라고 말한다. 하나님은 인격적이실 뿐 아니라 또한 전능하시다. 하나님은 내재하실 뿐 아니라 또한 초월하신다. 성경이 말씀하는 대로 하나님은 '엘 샤다이', 곧 전능한 하나님이시다(창 17:1).

하나님의 절대적인 주권을 나타내는 이 용어가 사도신경의 나머지 내용 전체를 이끈다. 피조 세계를 다스리시는 전지전능한 하나님에 대해서는 느부갓네살 왕도 "하늘의 군대에게든지 땅의 사람에게든지 그는 자기 뜻대로 행하시나니 그의 손을 금하든지 혹시 이르기를 네가 무엇을 하느냐고 할 자가 아무도 없느니라"(단 4:35)고 고백했다.

사도신경에서 '전능하신'이란 용어는 하나님의 완전하고 충만한 모든 속성을 나타내는 집합명사의 기능을 한다.

다시 말해 전능, 전지, 편재, 자존, 불변성과 같은 하나님의 모든 속성이 '전능하신'이라는 한 단어에 압축되어 있다. 완전하고 충만하고 무한한 권위를 소유하고 있는 하나님만이 피조 세계를 다스리는 전능한 주권자가 되신다.

사도신경에 진술된 '전능하신 하나님 아버지'라는 표현이 교회 안에서 잘 논의되고 있지 않은 현실이 매우 안타깝다. 하나님의 거룩, 의, 영광, 위엄에 관한 성경의 풍부한 가르침을 전하지 않고 '평범한 하나님'을 제시하는 것으로 만족하는 설교자들이 많다. 기독교의 하나님은 평범한 하나님이 아니다. 그분은 전능하신 아버지, 곧 무엇이든 할 수 있고 모든 권세를 소유하고 말씀으로 만물을 창조하고 영원히 다스리시는 아버지다.

전능하신 아버지를 예배하라

사도신경은 하나님을 전능하신 아버지로 고백하는 데서 시작한다. 이 진리에서 우리의 예배가 시작된다. 비교적 덜 알려진 종교개혁자 베르미글리는 "제멋대로 말하는 사람들이나 우리 자신의 혼란스러운 생각으로 인해 신성한 계시, 즉 거룩한 약속에 속한 그 무엇에 모순이 생겨난다면 그것이 무엇이건 사도신경의 이 한 마디로 '터무니없다'고

간단히 일축할 수 있다"고 말했다.[14]

하나님의 주권적인 권위를 인정하는 이 한 마디가 모든 교리와 생각을 판단하는 기준이 된다. 무엇이든 이 기준에 미치지 못하는 것은 베르미글리가 주장한 대로 '터무니없는' 것으로 간주해야 마땅하다.

우리는 전능하신 하나님 아버지를 찬양과 행위와 말씀 선포로 예배해야 한다. 찬송가로는 영광스러운 왕을 반영하여 드높이고, 설교로는 그분의 영광스러운 통치를 드러내며, 사랑과 섬김의 사역으로는 그분의 이름을 영화롭게 해야 한다. 하나님을 '전능하신 아버지'로 확언하는 고백이 우리의 찬양과 가르침과 매일의 삶을 이끄는 견인차가 되어야 한다.

---

[14] Pietro Martire Vermigli, *The Peter martyr Reader*, ed. John Patrick Donnelly (Kirksville, MO: Truman State University Press, 1999), 9.

2장

나는 천지의 창조주를 믿습니다

우주는 왜 존재할까? 우주에서부터 우리 개개인에게 이르기까지 이 모든 것이 존재하는 이유를 어떻게 설명해야 할까? 지성이 있는 사람이면 누구나 회피할 수 없는 질문이다. 이 질문에 어떻게 대답하느냐에 따라 그 뒤에 이어질 모든 의미 있는 질문들이 결정된다.

오늘날에는 우주가 설계나 설계자 없이 우연히 존재하게 되었다고 믿는 사람들이 많다. 그들은 우주가 초월적인 의미 없이 오로지 자연적인 사실로만 존재한다고 생각한다. 만일 우주가 그런 식으로 존재한다면 우리도 그럴 수밖에 없다.

그러나 그리스도인들은 존재하는 모든 것의 실체와 현실이 전능하신 하나님 아버지의 주권적인 행위, 곧 천지의 창조주와 관련이 있다고 믿는다. 천지를 만드신 하나님은 만물(전에 존재했고 앞으로 존재할 모든 것)의 창조주이자 유지자이시다.

사도신경은 하나님을 전능하신 아버지이자 천지의 창조주로 고백하는 데서 시작한다. 성경은 "태초에 하나님이 천지를 창조하시니라"(창 1:1)고 말씀하며 하나님에 관한 본질적이고 핵심적인 진리들을 분명하게 제시한다.

첫째, 하나님은 창조 이전부터 존재하시는 영원자다.
둘째, 하나님은 공간의 제약을 받지 않으시는 무한자다.
셋째, 하나님은 말씀으로 세상을 창조하신 전능자다.
넷째, 하나님은 어떤 피조물에도 의존하지 않으시는 자존자다.

이 모든 진리가 "태초에 하나님이"라는 성경의 첫 마디에 모두 함축되어 있다. 성경의 첫마디를 옳게 이해하면 다른 모든 신학적인 신념들이 제자리를 찾아갈 테지만 이 말씀을 그릇 이해하면 우상숭배로 빠르게 치우치게 될 것이다.

세계관의 충돌

기독교 세계관을 비롯한 모든 세계관은 제각기 창조 이론을 가지고 있다. 우리의 기원을 어떻게 이해하느냐에 따라 인간의 정체성과 목적과 역사의 진로를 바라보는 관점이 달라진다. 기원 문제에 대해 어떻게 대답하는지를 들어보면 자신의 가치와 목적 그리고 하나님과 동료 인간들에 대한 의무를 어떻게 생각하고 있는지를 알 수 있다.

성경적인 세계관은 세속적인 세계관들과 달리 하나님의 창조 목적을 제시함으로써 인간의 삶에 의미와 적절성을 부여한다. 창조는 하나님의 목적이 완성되고 그분의 성품에 관한 계시가 온전히 드러나는 지점을 향해 나아가는 거대한 드라마의 일부다. 이 거대한 드라마는 크게 창조, 타락, 구원, 완성이라는 네 가지 단계를 거친다.

각각의 단계는 웅장한 교향곡의 주요 악장과도 같다. 우리 인간은 이 드라마의 등장인물들이다. 삶의 적절한 의미를 발견하기 위해 우리는 우리 자신의 역할을 알아야 하고, 창조 속에서 영화를 받으시려는 하나님의 목적에 어떻게 이바지할 수 있는지를 이해해야 한다.

만일 이 드라마가 창조에서 시작되지 않았다면 세상의 존재 이유를 하나님 외에 다른 것에서 찾아야 할 것이고, 성경의 드라마는 그것으로 끝나고 말 것이다.[1] 성경적인 관점을 잃어버리면 신학적인 오류에 치우칠 위험이 크다. 하나님은 창조주이고 우리는 피조물이라는 사실을 기억해야만 우주 안에서 목적과 질서를 발견할 수 있다. 우리는 하나님과 그분의 영광을 위해 존재한다. 기독교의 세계관은 창조주와 피조물의 구분을 확고한 전제로 갖는다.

---

[1] Langdon Gilkey, *Maker of Heaven and Earth: A Study of the Christian Doctrine of Creation* (Garden City, NY: Doubleday, 1959). 랭던 길키는 창조의 교리가 기독교 신학의 핵심이라는 것을 인정했을 뿐 아니라 "주 예수 그리스도의 아버지 하나님이 창조주가 아니시라면 성경의 이야기는 아무런 의미가 없다"라고 말했다.

창조 자체가 하나님을 계시하기 때문에 우리는 그 어떤 이유로도 창조주에 대한 믿음과 예배를 거부할 수 없다(롬 1:20). 그런데도 여전히 그분을 믿는 데 특별 계시가 필요한 이유는 우리의 죄 때문이다. 바울은 만물이 창조주의 존재를 증언하기 때문에 창조된 모든 것 안에서 하나님의 보이지 않는 속성을 발견해야 한다고 말했다(롬 1:18-32).

그러나 타락은 우리의 모든 부분을 죄로 오염시켰다(창 6:5-6; 롬 3:10-18). 죄로 인해서 우리는 피조 세계에 분명히 드러난 것을 알아보기가 어렵게 되었다. 따라서 특별 계시, 곧 하나님의 말씀을 전적으로 의지해야만 우리는 진리를 비로소 볼 수 있다.

사도신경은 하나님의 분명한 말씀에 근거해 핵심적인 기독교 교리들과 기독교 세계관의 전체적인 틀을 확립한다. "전능하신 아버지 하나님, 천지의 창조주를 믿습니다"라는 사도신경의 첫 행을 이해하면 세계관과 관련된 근본적인 질문들, 곧 '누가? 무엇을? 언제? 어디에서? 어떻게? 왜?'라는 질문에 대답할 수 있다.

누가?

성경은 '누가?'라는 질문에 즉시 대답한다. 태초에 하나님이 천지를 창조하셨다(창 1:1-31). 이스라엘 백성에게 여호와로 계시된 이 하나님은 삼위일체 하나님(성부, 성자, 성령)이요 천지의 창조주이시다(창 2:4; 출 20:11; 왕하 19:15; 대하 2:12; 느 9:6; 시 121:2; 사 37:16; 렘 32:17).

시편 기자는 이렇게 말한다.

너희는 천지를 지으신 여호와께 복을 받는 자로다(시 115:15).

이사야도 다채로운 표현을 사용해 창조주 하나님을 묘사했다.

그는 땅 위 궁창에 앉으시나니 땅에 사는 사람들은 메뚜기 같으니라 그가 하늘을 차일 같이 펴셨으며 거주할 천막 같이 치셨고(사 40:22).

거룩하신 이가 이르시되 그런즉 너희가 나를 누구에게 비교하여 나를 그와 동등하게 하겠느냐 하시니라 … 누가 이 모든 것을 창조하였나 보라 주께서는 수효대로 만상을 이끌어 내시고 그들의 모든 이름을 부르시나니 그의 권세가 크고 그의 능력이 강하므로 하나도 빠짐이 없느니라(사 40:25-26).

너는 알지 못하였느냐 듣지 못하였느냐 영원하신 하나님 여호와, 땅 끝까지 창조하신 이는 피곤하지 않으시며 곤비하지 않으시며 명철이 한이 없으시며(사 40:28).

하나님은 욥을 겸손하게 낮추고 용기를 북돋워주기 위해 그에게 자신을 창조주로 계시하셨다.

그 때에 여호와께서 폭풍우 가운데에서 욥에게 말씀하여 이르시되 무지한 말로 생각을 어둡게 하는 자가 누구냐 너는 대장부처럼 허리를 묶고 내가 네게 묻는 것을 대답할지니라 내가 땅의 기초를 놓을 때에 네가 어디 있었느냐 네가 깨달아 알았거든 말할지니라 누가 그것의 도량법을 정하였는지, 누가 그 줄을 그것의 위에 띄웠는지 네가 아느냐 그것의 주추는 무엇 위에 세웠으며 그 모퉁잇돌을 누가 놓았느냐 그 때에 새벽 별들이 기뻐 노래하며 하나님의 아들들이 다 기뻐 소리를 질렀느니라 … 네가 너의 날에 아침에게 명령하였느냐 새벽에게 그 자리를 일러 주었느냐(욥 38:1-12).

하나님은 욥에게 "네가 어디 있었느냐"라고 물으셨다(욥 38:4). 이보다 더 겸손한 마음을 갖게 만드는 말씀은 없다. 아무 대답도 하지 못하는 욥을 향해 하나님은 말씀을 이어가신다.

네가 목소리를 구름에까지 높여 넘치는 물이 네게 덮이게 하겠느냐 … 산 염소가 새끼 치는 때를 네가 아느냐 암사슴이 새끼 낳는 것을 네가 본 적이 있느냐 … 말의 힘을 네가 주었느냐 그 목에 흩날리는 갈기를 네가 입혔느냐 … 매가 떠올라서 날개를 펼쳐 남쪽으로 향하는 것이 어찌 네 지혜로 말미암음이냐(욥 38:34-39:26).

"내가 땅의 기초를 놓을 때에 네가 어디 있었느냐"(욥 38:4)라는 하나님의 물음에 욥은 결국 입을 열어 이렇게 대답했다.

보소서 나는 비천하오니 무엇이라 주께 대답하리이까 손으로 내 입을 가릴 뿐이로소이다 내가 한 번 말하였사온즉 다시는 더 대답하지 아니하겠나이다(욥 40:4-5).

욥은 천지의 창조주이신 전능한 하나님 아버지를 믿었다. 다원주의와 다른 세속적인 기원론들은 초자연적인 것을 믿지 않고 물질세계에 근거해 우주의 존재를 설명하려고 시도한다.

무신론자 대니얼 데닛은 『다윈의 위험한 사상』(Dawin's Dangerous Idea)에서 자신이 어릴 때 즐겨 부르던 〈내게 이유를 말해줘요〉라는 노래를 회상하면서 "지금은 그 노래를 한갓 공상에 불과한 것으로 간주한다"고 말했다. 하나님이 모든 것을 만드셨다는 것이 그 노래의 기본 기조였다.

데닛은 "이 직설적이고 감성적인 선언이 목에 무언가 걸린 듯 나를 여전히 불편하게 만든다. 이것은 너무 달콤하고 너무 순수하고 너무 편안한 삶의 비전이 아닐 수 없다. 그런데 다윈이 와서 산통을 깨고 말았다"라고 말했다. 그러면서 다윈의 논리를 좇을 때 나타나는 결과를 이렇게 설명했다.

우리 대다수는 이미 훌쩍 자랐기 때문에 달콤하고 단순한 이 노랫말을 문자 그대로 취하기가 어려워졌다. … 하나님은 산타클로스처럼 어린 시절의 신화일 뿐이라서 건전하고 올바른 정신을 지닌 성인이 액면 그대로 믿을 만한 사실이 못 된다. 이제는 하나님을 덜 구체적인 것을 가리키는 상징으로 간주하든지 아예 내버리든지 해야 한다.[2]

창조주 하나님이 아닌 물질세계에서 출발하는 다원주의자들은 이런 결론을 피할 수 없다. 하나님이 창조주이심을 부인하면 그리스도인들이 믿고 있던 모든 게 무너진다. 데닛은 다원주의를 '우주적인 염산'으로 일컫기까지 했다.

그는 중학교 시절을 회상하면서 친구들과 함께 우주적인 염산, 곧 그것이 담긴 용기는 무엇이든 다 녹여버릴 만큼 강력한 산성을 띤 물질의 개념을 생각해냈다고 말했다. 그런 물질은 용기만이 아니라 그 용기가 놓여 있는 방까지 모두 녹이고, 심지어는 학교까지 녹여 모든 건물이 흔적도 없이 사라지게 만든다. 또한 이 염산은 지구의 중심에 침투해 아무것도 남지 않을 때까지 모든 것을 녹여 없앤다(아마도 당시의 중학생들은 이런 생각에 크게 놀라워했을 것이다).

데닛은 다원주의가 우주적인 이데올로기적 염산과도 같다고 말했다. 그것은 아무것도 남기지 않고 모든 것을 녹여버린다. 이것이 다원주의와 허무주의가 서로 긴밀하게 연관되는 이유다. 하나님을 궁극적인 출발점으로 삼지 않으면 삶의 목적은 사라지고 우주는 우연의 산물이 되고 만다.

---

2) Gilkey, 18.

무엇을?

전능한 하나님 아버지는 창조주이시다. 그렇다면 하나님은 무엇을 창조하셨을까? 성경은 이 두 번째 질문에 대해 "태초에 하나님이 천지를 창조하시니라"(창 1:1)고 대답한다.

온 우주는 창조주의 경이로움과 기이함으로 가득 차고 넘친다. 그분은 동물, 식물, 균류 식물, 원생동물, 진핵생물을 창조하셨다. 또한 코끼리, 개구리, 낙엽수림과 침엽수림, 버섯류, 박테리아를 비롯해 가장 작은 아메바까지 창조하셨다.

이런 생물의 다양성은 하나님이 우주를 다채롭게 창조하기를 좋아하셨다는 증거다. 우주의 다채로움은 그분의 영광을 크게 드높인다. 하나님이 창조하신 다양한 피조물들 가운데는 눈을 즐겁게 하는 것도 있고 사람의 마음을 두렵게 하는 것도 있다.

윌리엄 블레이크는 『순수와 경험의 노래』(Songs of Innocence and Songs of Experience)라는 시집을 통해 이런 다양성을 잘 묘사했다. 다음은 블레이크의 〈양〉이라는 시다.

작은 양아, 누가 너를 만들었니?
누가 너를 만들었고
네게 생명을 주고
네게 물가와 풀밭에서 배를 채우라고 말하고
네게 유쾌한 옷, 가장 부드럽고 밝은 털옷을 입히고

그런 가냘픈 목소리를 네게 주었는지
너는 아니?
어린 양아, 내가 말해줄게.
그분도 네 이름으로 불린단다.
그분은 자기를 어린 양으로 일컬으신다.
그분은 온유하고 겸손하시단다.
그분은 어린아이가 되셨단다.
나는 어린아이고 너는 양이란다.
우리는 그분의 이름으로 불린단다.
어린 양아, 하나님이 너를 축복하신다.
어린 양아, 하나님이 너를 축복하신다.[3]

블레이크는 자신을 어린아이, 곧 자연을 관찰하는 어린아이로 묘사했다. 어린 양의 기원을 노래한 그는 소박하고 온유한 양을 창조하신 창조주가 위풍당당하고 사나운 호랑이 또한 창조하셨음을 노래했다.

호랑이야, 한밤중에 숲속에서
밝게 타오르는 불꽃같은 호랑이야,
어떤 불멸의 손과 눈이 너를 그렇게

---

3) William Blake, *Songs of Innocence and Experience* (London, 1874), 89–90.

두렵고도 균형 있는 모습으로 만들었을까?[4]

하나님은 양과 호랑이를 만드셨고, 매와 참새를 만드셨다. 그분은 부드러운 것들과 강한 것들, 사나운 것들과 약한 것들을 만드셨다. 땅에 사는 모든 생물이 다 그분에 의해 창조되었고 그 모든 것 안에는 그분의 영광이 깃들어 있다.

사도신경 및 기독교의 세계관과 극명하게 대립되는 허무주의는 삶이 아무런 의미가 없고 세상에는 아무런 목적이 없다고 말한다. 무의미한 자연의 힘에 제멋대로 이끌려 돌아가는 우주는 도덕관념이 없다. 허무주의자들은 창조주를 믿지 않는다. 그들은 "태초에 막연한 힘이 있었다"라는 식으로 말한다.

그러나 힘은 우주 안에 도덕적 절대성이 존재하는 이유를 설명하지 못한다. 허무주의는 살인, 강간, 압제와 같은 것이 죄가 아니라 아무런 도덕적 의미 없이 우발적으로 일어나는 단순한 사건이라고 말한다. 그러나 그리스도인들은 그런 명백한 부조리를 인정하지 않는다. 우리는 하나님이 세상을 창조하셨고, 우리의 번영을 위해 우리에게 도덕성을 부여하셨다고 믿는다.

이런 사실이 인간의 본성에 고스란히 반영되어 있다. 모세가 말한 대로 우리는 하나님의 형상으로 창조되었다(창 1:26-27; 9:6). 인간도 피

---

[4] Blake, 53.

조물이지만 다른 피조물들과는 다르다. 우리는 하나님의 형상(Imago Dei)을 소유했기 때문에 생각할 줄 아는 능력을 지닌다.

하나님의 형상으로 창조되었다는 것은 창조주에 관해 생각할 줄 아는 기능을 갖추고 있다는 뜻이다. 우리에게는 하나님의 이성적 사고 능력이 부여되었다. 우리는 하나님의 형상으로 창조되었기 때문에 그분을 예배할 수 있으며 우리 자신이 그분을 의지해야만 살 수 있는 존재임을 안다.

그러나 하나님의 뜻을 의도적으로 거스를 수 있는 피조물도 인간밖에 없다. 인간은 하나님의 형상으로 창조되었지만 죄를 지어 그 형상을 훼손시켰다(창 3장). 인간의 죄와 그로 인한 결과 때문에 세상은 구원을 부르짖는 상태로 전락하고 말았다.

언제?

지금까지 누가, 무엇을 창조했는지를 살펴보았다. 그렇다면 천지는 언제 창조되었을까? 이 질문의 대답을 찾으려면 시간과 공간과 물질이 모두 함께 존재한다는 점을 이해해야 한다. 창조 이전에는 시간과 공간과 물질이 존재하지 않았다. 오직 삼위일체 하나님만 존재하셨다. 성경의 첫 행은 하나님이 '태초에' 천지를 창조하셨다고 말한다. 하나님은 특정한 시점을 시작으로 물질과 그 물질이 존재할 수 있는 공간을 창조하셨다.

성경의 증언은 시간과 밀접하게 관련된다. 시간은 창조와 더불어 시작되었다. 그리고 창조와 인간의 타락으로 인해 '때가 차면 그리스도께서 세상에 오실 것'이라는 약속이 주어졌다. 또한 성경의 증언은 시간이 더 이상 존재하지 않을 새 시대를 가리킨다.

어디서?

작고한 코넬대학교 천문학과 교수 칼 세이건은 사도신경을 비롯해 기독교와 하나님의 존재를 부인한 것으로 유명하다. 그는 1980년에 방영된 미니시리즈 〈코스모스〉에서 매회 방송을 시작할 때마다 "전에도 있었고, 지금도 있으며, 앞으로도 계속 있을 것은 오직 우주뿐이다"라고 말했다.

이 말은 자연적 물질주의의 세계관을 나타낸다. 자연주의자들은 창조주 하나님에서 시작하지 않고, 우주에서 시작해 우주로 끝난다. 그들은 우리의 우주가 미지의 또 다른 우주와 연결되어 있을 수도 있다고 생각한다.

그러나 그리스도인들은 사실에 반하는 또 다른 세계의 현실을 가정하는 이런 물질적인 세계관을 용납하지 않는다. 이 세상은 하나님 아버지의 세상이다. 성경은 하나님이 또 다른 세상을 창조하셨다고 생각할 만한 단서를 제공하지 않는다. 우리의 우주는 하나님이 창조하신 공간이다.

성경은 이 우주가 성경의 역사가 전개되는 유일한 현실 세계라는 것을 보여준다. 새 하늘과 새 땅에 관한 약속은 이 우주를 가리키는 언어적 표현을 사용한다. 따라서 또 다른 우주에 관한 사변은 일관성 있는 기독교적 세계관을 유지하는 데 아무런 도움이 되지 않는다.

하나님은 이 세상을 창조하셨다. 우리는 이 세상을 탐구할 수 있고, 또 탐구해야 한다. 기독교는 지성으로 이 세상을 이해하는 게 가능하며 그로부터 자연과학의 이치를 알아낼 수 있다는 점을 기꺼이 인정한다.

어떻게?

과학은 하나님이 어떻게 세상을 창조하셨느냐는 질문에 대답할 수 없다. 따라서 우리는 성경의 확실한 가르침에 의존해야 한다. 성경은 하나님이 만물을 창조하셨고, 그분의 말씀이 창조의 사역을 이루었다고 증언한다. 모든 창조 행위가 하나님의 말씀과 더불어 시작되었다(창 1:3, 6, 9, 11, 14, 20, 24, 26).

하나님의 말씀은 조금도 부족함 없이 그분의 뜻과 영광을 완전하게 드러낸다. 하나님은 말씀의 능력으로 무(無)에서 만물을 창조하셨으며 그분의 말씀은 명사와 동사들로 구성된 단순한 말이 아니라 "육신이 되어 우리 가운데 거하시"(요 1:14)는 인격체였다.

요한은 창세기의 창조 기사를 연상시키는 표현을 사용해 "태초에 말씀이 계시니라 이 말씀이 하나님과 함께 계셨으니 이 말씀은 곧 하나님이시니라 그가 태초에 하나님과 함께 계셨고 만물이 그로 말미암아 지은 바 되었으니 지은 것이 하나도 그가 없이는 된 것이 없느니라"(요

1:1-3)고 말했다.

  요한의 간결하면서도 심오한 신학은 하나님이 우리를 구원한 그 말씀으로 어떻게 세상을 창조하셨는지를 보여준다. 하나님의 말씀은 모든 것을 창조했고, 그 말씀은 그분의 백성을 구원하기 위해 육신이 되었다. 그리고 육신이 되신 예수님은 하나님의 백성을 구원하신 공로로 성부 하나님의 오른편에 앉아 영광받을 권리를 얻으셨다.

> 우리 주 하나님이여 영광과 존귀와 권능을 받으시는 것이 합당하오니 주께서 만물을 지으신지라 만물이 주의 뜻대로 있었고 또 지으심을 받았나이다 하더라(계 4:11).

  하나님은 만물의 창조주로, 예수님은 창조 사역의 대행자로 각각 찬양을 받으신다. 바울도 "그는 보이지 아니하는 하나님의 형상이시요 모든 피조물보다 먼저 나신 이시니 만물이 그에게서 창조되되 하늘과 땅에서 보이는 것들과 보이지 않는 것들과 혹은 왕권들이나 주권들이나 통치자들이나 권세들이나 만물이 다 그로 말미암고 그를 위하여 창조되었고"(골 1:15-16)라는 말로 예수님이 창조 사역의 대행자이심을 보여주었다. 여기에서 '그'는 하나님의 아들이신 예수님을 가리킨다. 예수님은 만물을 창조하셨고 만물은 '그분을 위해' 창조되었다.

왜?

"그를 위하여 창조되었고"(골 1:16)라는 말씀은 하나님이 세상을 창조하신 이유를 설명한다. 성경은 하나님이 자신의 목적과 영광을 위해 만물을 창조하셨다고 가르친다.

> 곧 창세 전에 그리스도 안에서 우리를 택하사 우리로 사랑 안에서 그 앞에 거룩하고 흠이 없게 하시려고 그 기쁘신 뜻대로 우리를 예정하사 예수 그리스도로 말미암아 자기의 아들들이 되게 하셨으니 이는 그가 사랑하시는 자 안에서 우리에게 거저 주시는 바 그의 은혜의 영광을 찬송하게 하려는 것이라 우리는 그리스도 안에서 그의 은혜의 풍성함을 따라 그의 피로 말미암아 속량 곧 죄 사함을 받았느니라 이는 그가 모든 지혜와 총명을 우리에게 넘치게 하사 그 뜻의 비밀을 우리에게 알리신 것이요 그의 기뻐하심을 따라 그리스도 안에서 때가 찬 경륜을 위하여 예정하신 것이니 하늘에 있는 것이나 땅에 있는 것이 다 그리스도 안에서 통일되게 하려 하심이라(엡 1:4-10).

> 오직 우리 하나님은 하늘에 계셔서 원하시는 모든 것을 행하셨나이다(시 115:3).

> 하늘이 하나님의 영광을 선포하고 궁창이 그의 손으로 하신 일을 나타내는도다(시 19:1).

만물을 다스리는 지고한 존재이신 하나님의 가장 큰 목적은 자신의 영광을 나타내는 것이다. 칼뱅은 우주를 가리켜 하나님의 영광을 보여주는 극장과 같다고 말했다. 그의 말은 옳다. 창조된 질서 체계 전체가 하나의 위대한 목적(성자이신 예수 그리스도를 통해 죄인들을 구원함으로써 하나님의 영광을 드러내는 것)을 위해 존재한다.

창조는 새 창조로 귀결된다. 하나님은 궁극적으로 구원이라는 목적을 위해 우주를 창조하셨다. 창조 사역의 대행자가 구원 사역의 대행자가 되었다. 언젠가 구원 사역의 대행자는 또한 새 창조의 대행자가 될 것이다.

에덴동산을 생각하면 가슴이 아프다. 창세기 3장의 사건이 일어나지 않고 창세기 2장에만 머물면 좋았을 테지만 그것은 무익한 바람에 지나지 않는다. 원점으로 되돌아가는 것은 불가능하다. 또한 설혹 그럴 수 있다고 해도 하나님이 더 큰 영광을 받으시는 것도 아니다.

오히려 우리는 앞으로 나아가야 한다. 우리는 옛 하늘과 옛 땅이 아닌 새 하늘과 새 땅을 바라본다. 우리는 모든 피조물과 함께 탄식하며 그리스도의 재림과 하나님 나라의 완전한 도래를 기다린다(롬 8:22). 우리는 창세기에서 요한계시록에 이르기까지 하나님의 영광을 보게 될 것이고, 그러다가 때가 이르면 "보라 내가 만물을 새롭게 하노라"(계 21:5)는 말씀을 듣게 될 것이다(고후 5:17 참조).

그리스도인들은 새 창조의 약속을 위로로 삼아야 한다. 하나님은 자신이 창조한 세계를 책임지신다. 그리고 장차 이 세상을 영광스럽게 하고, 섭리를 베풀어 자기 자녀들을 본향으로 인도하실 것이다. 루터의 〈소요리문답〉(1529) 첫 번째 항목에는 하나님의 은혜로운 보살핌이 매우 적절하게 요약되어 있다.

나는 하나님이 나를 비롯해 존재하는 모든 것을 창조하셨다고 믿는다. 그분은 나의 육체와 영혼, 나의 모든 지체와 감각, 나의 이성과 생각의 모든 기능을 내게 허락하셨고 여전히 유지하고 계신다. 또한 그분은 양식과 의복, 집과 가정, 가족과 재산을 주셨고 삶에 필요한 모든 것을 매일 풍성하게 베풀어주시며 나를 모든 위험과 악으로부터 보호하고 보존하신다.

어떤가? 그렇게 믿는가? 우리는 천지를 지으신 전능한 하나님 아버지를 믿는다.

2부

예수 그리스도에 대한 고백

3장

나는 그의 유일하신 아들, 우리 주 예수 그리스도를 믿습니다

그리스도인의 가장 뚜렷한 특징은 주 예수 그리스도를 믿고, 그분의 제자가 되어 살아간다는 것이다. 신념의 차이 때문에 다양한 교파와 교회들이 존재하지만 죄를 회개하고 그리스도를 구주로 영접하는 사람이 참된 그리스도인이라는 사실에는 아무런 이견이 없다. 그리스도의 백성인 우리는 우리의 예배와 삶을 묘사할 때 '그리스도 중심적인'과 같은 표현을 무의식적으로 사용한다.

그리스도에 대한 이런 헌신적인 태도는 오늘날에만 국한된 현상이 아니다. 그것은 사도신경이라는 고대의 신조에 이미 반영되어 있다. 사도신경의 내용 대부분이 그리스도께 할애되어 있다. 사실 사도신경은 처음부터 끝까지 그리스도에 대한 고백이라고 말할 수 있다. 사도신경은 예수님의 삶을 성령으로 잉태된 날부터 시작해서 승귀의 과정을 거쳐 왕으로서 재림하실 그날까지 시간순으로 열거하고 있다.

눈에 띄는 한 가지 사실은 사도신경이 소위 '최소주의'를 지향하는 오늘날의 신학적 경향과 정면으로 대치된다는 것이다. 단순히 "예수님을 믿는다, 예수님을 따른다"라고 말하는 것으로는 충분하지 않다. 입으로는 예수님을 사랑하고 그분을 따른다고 말하면서 실제로는 성경의 계시대로 그분을 따르지 않는 사람들이 허다하다.

사도신경이 가르치는 대로 우리는 '그의 유일하신 아들 우리 주 예수 그리스도', 곧 성경에 그 참된 신분과 사명이 계시된 예수님을 믿는다고 고백해야 한다. 우리가 예배하는 이 주님이 어떤 분이신지를 분명하게 알고 있어야 한다. 그분은 우리의 죄를 속량한 구원자이시다.

안타깝게도 교회 안에서조차 때로 피상적인 기독론이 교회의 예배와 증거에 영향을 미친다. 그리고 그런 식의 영성은 터무니없는 거짓 교리를 만들어낸다. 구체적으로 말해 어떤 사람들은 예수님을 하나님의 아들이 아닌 위대한 교사로만 생각하려 하고, 또 어떤 사람들은 그분을 주님이 아닌 구원자로만 믿기를 원한다.

우리는 이단 사상이 활력을 얻는 것만 같은 이상한 시대에 살고 있다. 초기 교회의 시대처럼 요즘에도 정통 신앙을 지닌 그리스도인이 되려면 용기가 필요하다. 용기가 있어야만 성경에 근거를 둔 교회의 정통 신앙, 즉 "성도에게 단번에 주신 믿음의 도"(유 1:3)를 고백할 수 있다. 교회사를 돌아보면 복음을 위해 박해와 투옥은 물론 죽음까지 당해야 했던 신자들이 많았던 것을 알 수 있다. 우리는 혹독한 고난 앞에서 그들이 보여준 용기를 본받아야 한다.

몇 년 전에 기독교 신앙에 관한 신학적 토론에 참여하기 위해 워싱턴을 방문한 적이 있었다. 거절하기 힘든 초청이었다. 초청을 받아들여야 한다는 의무감이 느껴졌다. 주최 측 사람들이 정통 신앙을 옹호해줄 사람을 찾기가 무척 어려웠던 관계로 내가 꼭 나서야 할 것 같은 생각이 들었던 것이다.

그런데 막상 토론에 참여하고 보니 정직하게 서로의 생각을 교환한다기보다 뭔가 다른 목적이 있는 것처럼 느껴지는 토론회였다. 나는 적대적인 태도를 보이는 청중에 둘러싸인 상황에서 단지 질문에 답하는 역할에 머물지 않고 성령의 도구가 되어 토론의 어려운 분위기를 뚫고 복음을 전하게 해달라고, 그 특별한 은혜의 기회를 간구했다.

그 토론회는 청중의 질문을 허용했다. 토론은 별 유익 없이 진행되는 듯하다가 어느 순간 갑자기 좋은 기회가 찾아왔다. 한 남자가 일어서더니 천체물리학과 또 다른 유사 분야에서 박사학위 두 개를 소지하고 있다며 자신을 소개했다. 그리고 신학을 공부했으며 나사에서 수석 과학자로 일하고 있다고도 덧붙였다. 매우 똑똑해보이는 그가 말문을 열었다.

"몰러 박사님, 이 모든 신학적 토론이 너무 지겹습니다. 언급되는 모든 교리가 싫증이 나요. 박사님은 질문을 받을 때마다 항상 신학적인 대답만 들려주시네요."

나는 이렇게 답했다.

"선생님, 이 모임의 명칭이 '신학적 토론회'입니다. 박사학위가 두 개나 있는 분이 그 말의 의미를 모르지는 않겠지요?"

그랬더니 그의 입에서 내가 원하던 말이 나왔다.

"몰러 박사님, 이 모든 교리와 신학은 넌더리가 나네요. 나는 그리스도인입니다. 교리와 신학에는 관심을 기울이고 싶지 않아요. 내가 원하는 것은 예수 그리스도뿐입니다."

그 순간 활주로가 깨끗하게 정리되고 구름이 완전히 걷힌 듯한 느낌이었다. 곧바로 이륙할 채비가 갖춰진 듯했다. 나는 이렇게 말했다.

"선생님, '예수'가 그분의 성이라고 생각하십니까? 신학에 관심을 기울이고 싶지 않다고 말했지만 예수 그리스도라는 이름을 거론한 것 자체가 깊은 신학적 의미를 지니고 있습니다. 원하는 것은 예수 그리스도뿐이라고 말했지요?

그런데 그 말이 무슨 뜻인지 아십니까? 곧 예수님이 '하나님의 기름 부음 받은 자, 즉 메시아'라는 의미입니다. '예수', '그리스도'는 단순히 성이나 이름이 아닙니다. 그것은 신학적인 명제입니다. 이스라엘에게 주어진 약속이 인간으로 성육신하신 분 안에서 모두 이루어졌다는 선언입니다. 예수라는 이름은 '주님이 구원하신다'라는 뜻입니다."

그리스도에 관한 모든 진술이 신학적인 의미를 지닐 수밖에 없다는 사실이 그 순간에 확연하게 드러났다. "내가 원하는 것은 예수 그리스도뿐입니다"라는 말은 매우 깊은 의미를 지닌 신학적 선언에 해당한다. 기독교 신앙은 예수 그리스도께서 하나님의 독생자요 주님이시라는 진리를 소중하게 여긴다. 이것이야말로 기독교 신앙의 요체이자 핵심이기 때문이다.

"그리스도는 누구인가?"라는 핵심적인 질문에 대답하기 전에 먼저 생각할 것은 그 질문을 제기한 장본인이 예수님 자신이시라는 사실이다. 그분은 제자들에게 "너희는 나를 누구라 하느냐"(마 16:15)라고 물으셨다. 나중에 예수님은 또 한 번 "너희는 그리스도에 대하여 어떻게 생각하느냐"(마 22:42)라고 물으셨다. 이는 우리의 정체성을 결정하는 참으로 중요한 질문이다.

어떤 기독론을 믿느냐에 따라 심판의 날에 우리의 운명이 달라진다. 즉 구원자인 주님을 만나거나 심판자인 주님을 만나는 것이다. 우리는 신학적 최소주의라는 유혹에 이끌려 혼란에 휩싸일 위험이 있다. 또한 교회가 성경을 통해 알아온 것 이상을 말하려는 유혹을 느낄 수 있다. 따라서 우리는 항상 성경과 사도신경에 근거해 "그의 유일하신 아들, 우리 주 예수 그리스도를 믿습니다"라고 고백해야 한다.

예수 그리스도

요셉에게 나타난 천사는 마리아가 성령으로 잉태한 아이의 이름을 '예수'로 지으라고 말하면서 "이는 그가 자기 백성을 그들의 죄에서 구원할 자이심이라"(마 1:21)고 그 이유를 설명했다. 얼마 뒤 또 다른 천사가 베들레헴 들판에 있던 목자들에게 나타나서는 "무서워하지 말라 보라 내가 온 백성에게 미칠 큰 기쁨의 좋은 소식을 너희에게 전하노라 오늘 다윗의 동네에 너희를 위하여 구주가 나셨으니 곧 그리스도 주시니라"(눅 2:10-11)고 말했다.

우리는 예수 그리스도를 이스라엘에 약속된 메시아, 모든 약속을 이루실 기름 부음 받은 자로 믿는다. 그분을 '예수 그리스도'로 일컫는 것은 그분이 우리의 구원자이심을 고백하는 것이다. 그분의 이름이 무슨 의미인지 알고 그것을 부르는 것은 우리가 가련하고 연약하고 무력하고 절망적인 백성이라는 사실을 인정하는 것이다. 우리는 구원자, 주님이신 그리스도가 필요하다.

우리는 예수 그리스도 안에서 우리에게 필요한 구원자, 즉 우리를 죄와 지옥에서 건져주시는 분을 발견한다. 이 위대한 구원에 참여하려면 우리는 천사가 목자들에게 "오늘 다윗의 동네에 너희를 위하여 구주가 나셨으니 곧 그리스도 주시니라"(눅 2:11)고 말한 그분을 주님으로 고백해야 한다.

오직 그리스도로 말미암는 구원

하나님은 자신의 메시아를 통해 구원을 베푸신다. 이것은 초기 사도적 가르침의 핵심 진리 가운데 하나였다. 베드로는 오순절에 "그런즉 이스라엘 온 집은 확실히 알지니 너희가 십자가에 못 박은 이 예수를 하나님이 주와 그리스도가 되게 하셨느니라"(행 2:36)고 말했다. 사도적 가르침의 중심에는 이것이 하나님의 계획이라는 확신이 놓여 있다.

이스라엘 사람들아 이 말을 들으라 너희도 아는 바와 같이 하나님께서 나사렛 예수로 큰 권능과 기사와 표적을 너희 가운데서 베푸사 너희 앞에서 그를 증언하셨느니라 그가 하나님께서 정하신 뜻과 미리 아신 대로 내준 바 되었거늘 너희가 법 없는 자들의 손을 빌려 못 박아 죽였으나 하나님께서 그를 사망의 고통에서 풀어 살리셨으니 이는 그가 사망에 매여 있을 수 없었음이라(행 2:22–24).

사도행전 3장을 보면, 베드로와 요한이 성전에 올라가면서 날 때부터 못 걷게 된 사람과 마주친 일이 기록되어 있다. 베드로는 그에게 "은과 금은 내게 없거니와 내게 있는 이것을 네게 주노니 나사렛 예수 그리스도의 이름으로 일어나 걸으라"(행 3:6)고 말했다.

여기서 그냥 '예수'의 이름이 아니라 '예수 그리스도'의 이름으로 명령한 점을 주목하라. 구원 사역의 핵심에는 '메시아' 예수가 있었다. 베드로는 사도행전에 기록된 그의 두 번째 설교에서 이렇게 말했다.

그러나 하나님이 모든 선지자의 입을 통하여 자기의 그리스도께서 고난 받으실 일을 미리 알게 하신 것을 이와 같이 이루셨느니라 그러므로 너희가 회개하고 돌이켜 너희 죄 없이 함을 받으라 이같이 하면 새롭게 되는 날이 주 앞으로부터 이를 것이요 또 주께서 너희를 위하여 예정하신 그리스도 곧 예수를 보내시리니 하나님이 영원 전부터 거룩한 선지자들의 입을 통하여 말씀하신 바 만물을 회복하실 때까지는 하늘이 마땅히 그를 받아 두리라(행 3:18-21).

베드로는 산헤드린 앞에 끌려간 후에도 성령으로 충만하여 이렇게 말했다.

백성의 관리들과 장로들아 만일 병자에게 행한 착한 일에 대하여 이 사람이 어떻게 구원을 받았느냐고 오늘 우리에게 질문한다면 너희와 모든 이스라엘 백성들은 알라 너희가 십자가에 못 박고 하나님이 죽은 자 가운데서 살리신 나사렛 예수 그리스도의 이름으로 이 사람이 건강하게 되어 너희 앞에 섰느니라 이 예수는 너희 건축자들의 버린 돌로서 집 모퉁이의 머릿돌이 되었느니라 다른 이로써는 구원을 받을 수 없나니 천하 사람 중에 구원을 받을 만한 다른 이름을 우리에게 주신 일이 없음이라(행 4:8-12).

유대교가 지배하던 상황에서 참으로 대담무쌍한 발언이 아닐 수 없다. 이런 말을 기탄없이 한다는 건 매우 위험한 일이었다. 그러나 베드로는 죽음의 위험을 무릅쓰고 담대하게 예수 그리스도를 유일무이한 구원자로 선언했다. 오직 그리스도를 통해서만 구원받을 수 있고 오직 그분의 이름으로만 하나님 앞에 나아갈 수 있음을 선포했다.

역사적 예수에 대한 탐구

인간의 지성으로는 예수님이 그리스도라는 결론에 도달할 수 없다. 인간의 탐구로는 이 사실을 발견할 수 없다. 이 점을 분명하게 기억해야 하는 이유는 20세기에 기독교 내에서 예수님의 신분을 다르게 정의하려는 사상운동이 일어났기 때문이다.

그런 현상이 나타난 이유 가운데 대부분은 19세기에 시작된 역사적 예수에 대한 탐구라는 유명한 신학 운동까지 거슬러 올라간다. 성경의 증언을 무시하고, 역사적 사실을 근거로 예수님의 실체를 재규명하겠다는 생각은 어리석다. 이것은 예수님을 최소화하고 인간화시켜 그리스도, 곧 살아 계시는 하나님의 아들이 아닌 인간 교사로서의 예수를 만들려는 사람들의 헛된 야심에 지나지 않는다.

그리스도인들은 성경을 배제한 채 역사적 탐구를 통해 알게 된 예수 그리스도의 이름으로 모이지 않는다. 역사적 예수에 대한 탐구의 핵심은 '역사의 예수'와 '신앙의 그리스도'를 구별하는 것이다. 그러나 역사의 예수와 성경의 예수를 분리하려는 것은 위험한 오류다. 역사적 예수가 사복음서에서 증언된 예수라는 사실을 믿지 않으면 그리스도인이라 할 수 없다. 더욱이 역사적 예수가 신앙의 그리스도가 아니라면 우리는 여전히 허물과 죄 가운데 죽어 있는 상태로 머물러 있을 수밖에 없다.

바울이 말한 대로 역사의 예수가 장사한 지 사흘 만에 죽은 자 가운데서 다시 살아난 신앙의 그리스도가 아니라면 "모든 사람 가운데 우리가 더욱 불쌍한 자"(고전 15:19)일 수밖에 없다. 우리가 기쁘게 살면서 거룩함을 추구할 수 있는 이유는 복음서에 기록된 역사의 예수, 곧 사도들이 선포하고 신약성경에 기록한 예수님이 신앙의 그리스도라는 사실을 믿기 때문이다. 조지 타이렐은 역사적 예수에 대한 탐구를 논평하면서 다음과 같이 말했다.

> 1900년이나 지속된 가톨릭교회의 어둠을 뚫고 이들이 발견한 그리스도는 깊은 우물 밑바닥에 비친 개신교 자유주의의 얼굴에 불과하다.[1)]

이는 '역사적' 예수라는 존재는 항상 그를 탐구하는 학자들의 가치관과 편견을 반영하고 있을 뿐이라는 의미다. 이렇게 역사적으로 재구성된 예수는 신학적 자유주의의 형상으로 다시 개조되었다. 예수님을 우리와 같은 존재로 만드는 것은 매우 강력한 매력을 지닌 이단 사상 중 하나다. 그런 예수는 문화적으로 쉽게 인정받을 수 있지만 그리스도, 곧 살아 계시는 하나님의 아들과는 무관하다.

역사적 예수에 대한 탐구와 그와 관련된 신학적 자유주의는 '예수 세미나'로 알려진 학문 운동으로 새롭게 나타났다. 이 운동에 참여한

---

1) George Tyrell, *Christianity at the Cross-roads* (london: Longmans, Green and Co., 1913), 44.

학자들은 작고한 로버트 펑크의 인도 아래 역사적 예수에 대한 또 다른 탐구를 시작했다.

그들의 탐구는 초자연적인 계시는 존재하지 않으며, 신약성경의 복음서는 신뢰할 만한 역사 문서가 못 된다는 가설에 근거했다. 그러면서도 그들은 전승된 복음 안에는 약간의 역사적 자료가 포함되어 있기 때문에 그것을 토대로 역사적 예수를 추정할 수 있다고 생각했다.

참으로 터무니없게도 이 학자들은 사복음서를 한 구절씩 차례로 분석하며 색구슬을 사용해 구절들의 진위를 판단하기로 결정했다. 붉은색 구슬은 '예수님이 직접 하신 말씀이나 행위'를 나타내고, 검은색 구슬은 '그분과 전혀 무관한 말씀이나 행위'를 나타냈다. 또 회색 구슬은 '예수님이 하셨을 가능성이 별로 없는 행위나 말'을, 분홍색 구슬은 '예수님이 하셨을 가능성이 많은 행위나 말'을 나타냈다.

빤한 결론이지만 붉은색 구슬은 그리 많지 않았다. 예수 세미나는 이를 바탕으로 색깔을 구분해놓은 복음서를 펴냈고 그 안에는 검정색과 회색으로 표시된 내용이 대부분이었다. 결국 예수 세미나는 상식과 분별을 잃은 행위였다고밖에 달리 평가하기가 어렵다. 그들은 제멋대로 자기들과 똑같은 예수를 만들어냈던 것이다.

예수 세미나를 가리켜 성경을 제멋대로 뜯어고친 행위라고 비난하면서, 우리도 그와 똑같은 유혹에 이끌릴 수 있다. 우리도 복음서를 읽으면서 얼마든지 본문을 선택적으로 편집하며 우리가 가치 있게 생각하는 것만으로 예수님을 만들어낼 수 있다. 다른 예수나 다른 그리스도를 전하지 않으려면 우리는 성경에 나타난 하나님의 계시를 전적으로 의존해야 한다.

예수님은 초자연적인 구원자이시다. 우리는 이 사실을 초자연적인 계시를 통해서 안다. 자연적인 물질주의를 신봉하는 이 세상에는 우리와 달리 초자연적인 것을 무시하고 불신하는 사람들이 많다. 우리는 그런 수치와 비방을 기꺼이 감당하며 유일한 그리스도 예수님을 예배한다.

하나님의 유일하신 아들

메시아가 '하나님의 아들'이라는 개념은 구약성경에 뿌리를 두고 있다. 하나님은 다윗에게 그의 아들 솔로몬이 성전을 지을 것이라고 약속하면서 "나는 그에게 아버지가 되고 그는 내게 아들이 되리니"(삼하 7:14)라고 말씀하셨다. '아들'의 개념은 항상 다윗 왕권과 관계가 있었다. 메시아는 이스라엘의 왕이자 새로운 다윗이었다. 그는 곧 하나님의 아들이었다.

그러나 예수님은 여기서 더 나아가신다. 그분이 하나님의 아들인 이유는 삼위일체의 제2위격이 되시기 때문이다. 성육신의 가장 심오한 측면은 성자가 성육신 이전에 이미 성부의 독생자이셨다는 것이다.

니케아 신조는 이 개념을 전달하기 위해 분명하고도 성경적인 표현을 사용해 '창조되었다'는 말이 아닌 영원히 '나셨다'는 말로 예수님을 묘사했다. 성자는 피조물이 아니시다. 피조물은 우리를 구원할 수 없다. 예수 그리스도 그분은 성부에게서 나신 유일한 아들이다. 성경은 성자의 선재성을 분명하게 가르친다.

"하나님이 세상을 이처럼 사랑하사 독생자를 주셨다(보내셨다)"(요 3:16; 히 1:1-4 참조)는 말씀에서 알 수 있듯이 성자께서는 보냄을 받으셨다. 하늘에 계신 성부께서는 세례 받으신 예수님을 향해 "이는 내 사랑하는 아들이요 내 기뻐하는 자라"(마 3:17)고 말씀하셨다.

우리도 믿음으로 그리스도와 연합함으로써 하나님의 자녀가 된다. 예수님은 하나님의 영원한 아들이시다. 그분은 하나님의 독생자이시다. 히브리서는 예수님이 "많은 아들들을 이끌어 영광에 들어가게"(히 2:10) 하신다고 말씀한다.

예수님의 속죄 사역을 통해 우리는 지극히 높으신 하나님의 자녀로 입양된다. 바울 사도는 우리가 "그리스도와 함께 한 상속자"(롬 8:17)라고 말했다. 우리가 하나님의 입양된 자녀들이 될 수 있는 이유는 예수님이 하나님의 독생자이시기 때문이다.

우리 주 그리스도

"그의 유일하신 아들 우리 주 예수 그리스도를 믿사오니." 빌립보서는 예수님이 죄인인 인간과 같이 되기 위해 기꺼이 성육신하셨다고 증언한다. 그분은 자기 백성을 죄에서 구원하기 위해 오셨다. 그러기 위해서는 십자가를 짊어지셔야 했다.

  십자가는 우연이나 뜻하지 않은 우발적 사건이 아니라 하나님이 미리 작정하신 계획이었고, 예수님은 기꺼이 자기를 비워 복종하셨다. 그분은 자기를 낮춰 인간의 형상을 취하셨을 뿐 아니라 우리를 위해 죽음을 달게 받아들이셨다. 그로 인해 그리스도께서는 주, 곧 영원한 왕이 되셨다. 바울은 빌립보서에서 그리스도의 십자가 사역에 관해 이렇게 말했다.

> 이러므로 하나님이 그를 지극히 높여 모든 이름 위에 뛰어난 이름을 주사 하늘에 있는 자들과 땅에 있는 자들과 땅 아래에 있는 자들로 모든 무릎을 예수의 이름에 꿇게 하시고 모든 입으로 예수 그리스도를 주라 시인하여 하나님 아버지께 영광을 돌리게 하셨느니라(빌 2:9-11).

  이 말씀은 그리스도께서 만백성에게 하나님의 영광을 나타내 보이실 것이라는 이사야서 40장 5절의 약속이 성취되었음을 보여준다. 이 교리는 사도적 선포의 핵심이기도 하다.

> 그런즉 이스라엘 온 집은 확실히 알지니 너희가 십자가에 못 박은 이 예수를 하나님이 주와 그리스도가 되게 하셨느니라(행 2:36).

  많은 사람들이 그리스도의 주재권을 거부한다. 거부의 형태는 다양하고 복잡하지만 확실한 건 인간의 부패한 마음이 그리스도의 주재권을 싫어한다는 사실이다. 몇 년 전 애리조나주 투손에서 발행된 뉴스 기사를 보면 그런 사실을 분명하게 알 수 있다.

투손에서 가장 큰 감독교회인 '세인트 필립스 인 더 힐스' 교회에서 새로운 형태의 예배를 창시한 사람들이 고착화된 예배 방식을 뜯어고침으로써 전통을 거스르고 있다. 가령 하나님을 '그분'으로 일컫지 않거나 '주님'이라는 호칭을 사용하지 않는 것이다.

세인트 필립스 교회의 부교역자 수잔 앤더스 스미스는 "주님이라는 칭호는 다른 것들을 지배하는 위계적인 권위의 개념을 전달함으로써 편견을 부추기는 용어로 전락했다. 우리가 성경에서 발견한 바에 따르면 예수님은 자기 자신을 그런 식의 주님으로 생각하지 않았다"라고 말했다. 세인트 필립스 교회의 집사 토머스 린델도 "간단히 말해 우리의 예배 방식은 '하나님은 사랑이시라'는 신학에 근거한다. 우리의 예배는 권위의 개념을 제거하기 위해 할 수 있는 모든 노력을 기울여왔다. 우리는 하늘의 권위자가 와서 모든 것을 해결해주기를 기대하는 식으로 기도하지 않는다"라고 덧붙였다.[2]

---

[2] Stephanie Innes, "'Lord' Is Fading at Some Churches", *Arizona Daily Star*, April 22, 2007, http://tucson.com/lifestyles/faith-and-values/lord-is-fading-at-some-chruches/article_edff2a01-0a35-53b4-bd28-c740f81a28ff.html.

그러나 우리는 우리에게 와서 모든 것을 해결해주시는 하나님이 필요하다. 사랑하는 아들을 보내 우리를 죄에서 구원해주시는 하나님이 절대적으로 필요하다.

주님은 필요하지 않다고 단순하게 주장하는 사람들이 많다. 그들은 그리스도를 주님이 아닌 그리스도로만 받아들이기를 원한다. 그러나 그것은 신약성경의 신학을 오해하는 것이요, 왕과 제사장이라는 그리스도의 직임을 분리하는 비성경적인 주장에 해당한다.

예수님은 누가복음 6장 46절에서 "너희는 나를 불러 주여 주여 하면서도 어찌하여 내가 말하는 것을 행하지 아니하느냐"라고 말씀하셨다. 구원은 구원자를 절실히 필요로 하는 사람에게 주어진다. 그 구원자는 다름 아닌 "그리스도 주"(눅 2:11)이시다. 로마서 10장 9절은 예수 그리스도를 주님으로 시인하는 사람이 구원을 받는다고 말씀한다.

이단들은 왔다가 사라진다. 시련도 마찬가지다. 그러나 주 예수님의 교회는 끝까지 남는다. 우리가 모든 상황 속에서 예수님의 주권을 온전히 인정하지 않는다고 해도 그분의 주재권은 조금도 훼손되지 않는다. 장차 모든 사람이 무릎을 꿇고 "예수 그리스도를 주라 시인하여 하나님 아버지께 영광을 돌"릴 날이 올 것이다(빌 2:11). 우리는 오직 하나님의 유일하신 아들 우리 주 예수 그리스도 때문에 구원받는다.

4장

나는 성령으로 잉태되어 동정녀 마리아에게서 나신 예수 그리스도를 믿습니다

교회는 역사 대대로 찬송가를 통해 핵심 교리들을 보존해왔다. 예를 들어 동정녀 탄생의 교리는 〈고요한 밤 거룩한 밤〉, 〈천사 찬송하기를〉, 〈너희 기뻐하는 자들아〉, 〈하나님이 안식을 주신다〉와 같은 성탄절 찬송가에서 발견된다. 이 대표적인 찬송가들에는 풍부한 의미가 담겨 있고 기독교 신앙의 핵심, 곧 죄인을 구원하는 데 꼭 필요한 복음의 요소가 깊이 스며 있다.

그러나 어떤 사람들은 동정녀 탄생과 그리스도의 기적적인 잉태의 교리가 초자연적인 것을 믿는 기독교의 어리석음을 단적으로 보여주는 것이라고 생각한다. 감독교회의 감독으로 일하다가 은퇴한 존 셸

비 스퐁과 같은 현대의 회의주의자들은 이런 교리들이 초대교회가 그리스도를 신격화하려고 노력한 증거라고 주장했다. 그는 '입구 신화'와 '출구 신화'라는 표현을 사용해 동정녀 탄생으로 시작한 신화가 부활로 마무리되었다고 설명했다.

스퐁처럼 피의 속죄나 동정녀 탄생과 같은 것을 믿기에는 자기 자신이 너무 많이 계몽되었다고 생각하는 사람들이 많다. 그들은 이 교리들을 이상하게 생각하기도 하고, 문화적인 상징으로 이해하기도 하며, 교회 분열을 부추기는 기폭제로 간주하기도 한다.

나는 남침례회연맹이 분쟁과 다툼으로 내홍을 겪던 시기에 남침례교신학교 학장으로 선출되었다. 파벌들이 서로 다투며 교단의 미래를 장악하려고 애쓰는 동안, 신학적인 정통성과 교리적인 충실성이 위태로운 지경에 처하게 되었다. 그런 논쟁의 와중에서 동정녀 탄생이 문제로 대두되었다.

자유주의를 지지하는 파벌의 지도자 가운데 한 사람이 "성경적인 근거를 갖고 동정녀 탄생을 믿지 않는다고 주장하는 신학교 교수라면 파면하지 말아야 한다"고 말했다. 그 말은 동정녀 탄생을 부인하더라도 성경을 통해 입장을 밝힌다면 정통주의를 따르는 것으로 간주해야 한다는 의미였다.

성경에 근거해 동정녀 탄생을 믿지 않는다고? 과연 그 문제를 그런 식으로 둘러댈 수 있을까? 그것은 아예 말도 안되는 주장이다. 성경은 예수님의 동정녀 탄생을 분명하게 가르친다. 동정녀 탄생이 없으면 복음도 없다. 동정녀 탄생을 믿지 않는 사람은 구원받을 수 없다. 왜냐하면 그가 믿는 주님은 성경이 증언하는 분이 아니기 때문이다.

사도신경이 동정녀 탄생을 언급한 것은 당연하다. 그것은 본질적이고 영광스러운 사실이다. 사도신경은 예수 그리스도, 곧 발로 뱀을 짓밟아 저주를 없앨 여인의 후손이 하나님의 주권적인 행위로 잉태되어 동정녀에게서 나셨다고 고백한다.

교회가 동정녀 탄생을 믿어야 하는 이유는 그것이 다른 중요한 교리들의 근간이기 때문이다. 동정녀 탄생이 없으면 그리스도께서 하나님이 되실 수 없다. 그리스도께서 성령으로 잉태되지 않았다면 인간 아버지에게서 태어날 수밖에 없기 때문에 신성을 지니실 수 없다.

또한 동정녀 탄생이 없으면 예수님이 저주를 끊고 죄인을 구원하셨다는 복음이 성립할 수 없다. 그리스도인들이 동정녀 탄생을 부인하고 성령에 의한 잉태를 신화로 간주한다면 성경의 충실성, 그리스도의 인성, 그리스도의 무죄성, 은혜의 본질과 같은 교리들이 모두 위태로워진다. 그리스도인들은 그리스도의 동정녀 탄생을 믿어야 한다. 기독교 신앙과 그 신앙의 근거가 되는 성경이 그런 믿음을 요구한다.

교회사의 증언

교부들

사도신경은 현대 그리스도인들에게 우리의 신앙이 교회사에 깊이 뿌리를 두고 있다는 사실을 상기시킨다. 성경과 깊이 교감하며 2000년 넘게 이어진 교회의 역사에는 오늘날의 신학적 문제들을 해결할 수 있는 신학적 자료들이 풍성하게 간직되어 있다. 사실 교회사를 간단하게만 훑어보아도 동정녀 탄생이 초기 교부들의 가르침 안에서 핵심적인 비중을 차지했다는 것을 금세 알 수 있다.

순교자 유스티누스, 이레나에우스, 테르툴리아누스, 바실리우스, 히에로니무스, 아우구스티누스와 같은 교부들이 모두 동정녀 탄생의 중요성을 강조했다. 교회는 동정녀 탄생이 성경의 가르침 가운데서 핵심적인 역할을 한다는 사실을 일관되게 인정해왔다.

교부들은 동정녀 탄생의 교리를 설명하고 해설하고 적용함으로써 교회가 그 의미를 이해하도록 도왔다. 그들은 그리스도의 잉태, 그리스도의 본성, 그리스도의 사역이 서로 밀접하게 관련되어 있음을 가장 먼저 깨달은 사람들에 속했다. 그들은 예수님이 구원자가 되려면 하나님이자 인간이어야 한다는 점을 분명하게 이해함으로써 그리스도의 잉태의 본질이 구원 사역 전체에 미치는 영향을 알고 있었다.

신성과 인성이 하나로 결합하려면 예수님이 성령으로 잉태되어 동정녀 마리아에게서 나셔야만 한다. 예수님이 온전한 신성과 온전한 인성을 지녀야만 완전한 대속자가 되어 효과적인 속죄의 제물이 되실 수 있다. 이레나에우스는 동정녀 탄생을 부인하는 이단 사상을 논박하면서 예수님의 잉태와 관련해 인성과 신성이 지니는 의미를 이렇게 설명했다.

그분이 옛 아담의 본성(즉 인성)을 지니지 않았다면 진정으로 살과 피를 소유한 존재가 될 수 없다. … 성령께서 마리아에게 임하셨고, 지극히 높으신 이가 그녀를 덮으셨다는 사실(눅 1:35)을 이해하지 못하는 에비온파도 그릇되기는 마찬가지다. 마리아에게 잉태된 존재는 거룩한 본성을 지닌다. 그 존재는 만물의 아버지인 지극히 높으신 하나님의 아들이다. 하나님이 이 존재의 성육신을 일으켜 새로운 (종류의) 발생을 가능하게 하셨다. 그 덕분에 우리는 이전의 발생을 통해 죽음을 물려받은 것처럼 이 새로운 발생을 통해 생명을 물려받을 수 있게 되었다.[1]

이처럼 이레나에우스는 그리스도의 잉태의 본질(성령으로 잉태되어 마리아에게 나신 것), 그리스도의 본성(완전한 하나님이자 완전한 인간), 그리스도의 사역(인류의 완전한 대표자이자 마지막 아담, 고전 15:22 참조)을 하나로 연관시켰다. 교부들은 예수님의 잉태를 올바로 이해하지 못하면 그리스도의 십자가가 지닌 의미를 올바로 이해할 수 없다는 것을 알았다. 이처럼 그리스도의 잉태의 본질은 복음의 핵심 요소에 해당한다.

계몽주의와 고전 자유주의

교회는 2000년 동안 그리스도의 동정녀 탄생을 믿어왔지만 지난 두 세기 동안 그것을 어리석은 교리로 생각한 사람들이 나타났다. 교회

---

[1] Irenaeus, *Against Heresies*, 5.1.2-3.

사를 통해 면면히 이어져온 정통주의에서 급속한 이탈이 발생한 이유는 계몽주의와 자유주의 신학의 발흥 때문이다. 교회사에서 역사적 신앙에서 벗어나는 데 이보다 더 실질적인 영향을 미친 사건은 일찍이 없었다. 일부 현대 신학자들은 동정녀 탄생의 교리를 골칫거리로 간주했다.

계몽주의 시대의 신학자들과 철학자들은 신성한 계시와 역사적인 신앙으로부터 독립된 인간의 이성을 강조했다. 그 결과 신학자들은 대대로 이어져온 정통주의의 타당성을 문제 삼기 시작했다. 성경은 신적 권위가 결여된 다른 역사 자료들과 마찬가지로 모든 형태의 비판이 가능한 역사 문서로 전락했다.

성경 본문과 함께 중요한 성경적 교리들이 합리주의적인 사고를 토대로 새롭게 해석되고 재구성되었다. 특히 기독론, 구체적으로 말하면 동정녀 탄생의 교리가 새로운 '이성의 시대'의 도래로 인해 가장 혹독한 변화를 경험했다.

독일 철학자 레싱은 기독교와 역사적 정통주의에 미친 계몽주의의 영향을 적나라하게 보여주었다. 그는 역사적 사건들은 합리적인 종교에 필요한 지식을 제공할 수 없다고 주장하면서 역사를 과거와 현재 사이에 놓인 '흉하고 넓은 구렁'으로 일컬었다. 그 말은 과거에 일어난 일을 올바로 알 수 있는 길은 없다는 의미였다. 그는 그 어느 누구도 그 '흉한 구렁'을 가로질러 과거로 건너갈 수 없다고 말했다.

그러나 성경은 과거를 우리에게 계시한다. 우리가 성경에 얼마나 크게 의존하고 있는지를 여기에서 다시금 확인할 수 있다. 성경이 없다면 우리는 우리 자신의 이야기조차 이해할 수 없을 것이다. 성경, 곧 하나님의 영감으로 기록된 진실한 말씀이 우리를 위해 레싱의 '흉한 구렁'을 가로지른다.

계몽주의의 영향으로 신학은 역사적 정통주의와 새로운 자유주의 신학으로 나뉘었다. 이 두 경쟁적인 신학 노선은 초자연적인 것의 역할에 대해 서로 의견을 달리한다. 한쪽은 성경의 하나님이 존재하고 그분이 역사 속에서 일방적으로 자신을 계시하신다고 믿지만 또 다른 한쪽은 그분이 존재하지 않고 그분의 자기 계시가 기독교적 신화라고 믿는다.

하나님이 존재할 뿐 아니라 초자연적인 일을 행하신다면 그리스도인들은 '흉하고 넓은 구렁'을 염려할 필요가 없다. 왜냐하면 하나님이 성경의 계시로 과거와 현재를 이어주실 것이기 때문이다. 계몽주의 사상가들은 성경과 예수님을 통해 나타난 하나님의 계시가 초자연적이고, 무오하고, 무류하다고 믿지 않는다. 이 새로운 지성 운동은 초자연적인 것을 인정하지 않음으로써 자유주의 신학의 기초를 놓았다.

개신교 자유주의는 19세기와 20세기에도 계속해서 그리스도의 동정녀 탄생과 같은 초자연적인 신앙을 거부했다. 자유주의 신학의 아버지인 프리드리히 슐라이어마허는 초자연적인 관점에서 그리스도와 구원을 말하려고 하지 않았다. 그는 구원은 동정녀 탄생과 같은 초자연적인 개입을 요구하지 않는다고 생각했다. 다비드 스트라우스는 역사의 산물인 신약성경은 신화와 신비주의에 근거를 둔 원시 종교를 반영하고 있다고 말했다.

아돌프 폰 하르낙은 종교적인 교리('껍데기')와 기독교의 실천적인 영향력('알맹이')을 분리하려고 시도했다. 그는 그리스도의 본성이나 동정녀 탄생의 의미를 논하려 하지 않고 대신 예수님을 종교적인 개혁자요 선지자로 이해했다. 더욱이 루돌프 불트만은 신약성경은 실존적인 의미를 지닌 신화들을 모아놓은 책에 불과하다고 가르쳤다. 그는 실존적인 진리를 찾아내려면 동정녀 탄생과 같은 신화를 벗겨내는 '비신화화'의 과정이 필요하다고 말했다.

이상하게도 20세기의 가장 영향력 있는 신학자 가운데 한 사람인 볼프하르트 판넨베르크는 그리스도의 역사적인 부활은 믿었지만 동정녀 탄생은 믿지 않았다. 개신교 자유주의는 지난 두 세기 동안 예수님의 동정녀 탄생과 관련된 하나님의 초자연적이고 일방적인 행위를 줄곧 거부했다.

개신교 자유주의는 동정녀 탄생이 수치스러운 초자연적인 주장에 지나지 않는다고 믿으면서 그런 당혹스러운 주장으로부터 기독교 신앙을 구해내겠다고 나섰다. 동정녀 탄생을 의심하는 사람들이 일관성을 지니려면 기적이나 빈 무덤과 같이 복음서에 나타난 다른 초자연적인 요소들도 모두 의심해야 한다. 아우구스티누스는 일찍이 4세기에 현대 신학에서 발견되는 그런 당혹스러운 심리 상태를 예언적으로 암시한 바 있다.

소위 지혜롭고 총명하다고 하는 사람들은 이 위대한 구원에 대해 어떻게 생각할까? 그들은 기적을 엄연한 사실이 아닌 멋진 이야기로 생각하기를 좋아한다. 따라서 그리스도께서 인간이자 하나님으로 나타나신 일은 명백한 신적 기적인데도 그들은 그것을 믿기 어려워한다. 그들은 인간으로서 할 수 없는 일, 곧 하나님만이 하실 수 있는 일을 믿으면 자신들의 품격이 떨어질 것이라 생각한다. … 그들은 하나님이 잘 맞지도 않는 어설픈 육체를 지니고 돌아다니셨다는 사실이 너무나도 황당한 일이라고 믿는다. 바꾸어 말해 지혜롭지도 않고 총명하지도 않은 사람들에게는 그런 일이 왜곡되어 보일 수밖에 없다. 동정녀 잉태가 그들에게는 불가능하게 보이겠지만 우리에게는 그것이 더욱더 하나님의 기적으로 보인다.[2]

동정녀 탄생이 논란의 소지가 많은 교리로 다뤄지던 시대에도 아우구스티누스는 참되고 충실한 교회라면 항상 성경의 가르침을 믿어야 한다고 확신했다.

성경의 증언

일부 현대 신학자들의 주장에도 불구하고 복음서는 예수님의 탄생

---

[2] Augustine of Hippo, *Sermons to the People: Advent, Christmas, New Year, Epiphany*, trans. William Griffin (New York: Crown Publishing Group, 2002), 55–56.

이 하나님의 초자연적이고 기적적인 개입으로 이루어졌다고 분명하게 증언한다. 마태와 누가는 동정녀 탄생을 입증하는 분명한 증거들을 제시했는데 그런 증언들은 역사적인 사실로 신뢰할 만한 충분한 근거를 가진다.

많은 학자들이 복음서의 기사가 '히브리적' 특성을 띠고 있다고 주장한다. 그 말은 복음서의 증언이 그리스도의 신성과 관련된 교리를 강화하기 위해 1세기 이후의 그리스도인들에 의해 덧붙여진 것이 아니라는 의미를 지닌다. 심지어 역사 비평에 능통한 자유주의 신학자 아돌프 하르낙조차도 누가복음은 '참된 역사 자료'로서 '신뢰할 만한' 가치를 지닌다고 말했다.[3]

복음서 기사의 역사성을 주의 깊게 분석하는 것도 성경의 신뢰성을 일깨우는 데 다소 도움이 되는 것은 사실이지만 성경은 궁극적으로 영감의 교리에 근거해 이해해야 마땅하다. 복음서가 동정녀 탄생을 입증하는 가장 강력한 증거를 제시할 수 있는 이유는 그것이 교회를 향한 하나님의 정확무오한 메시지이기 때문이다.

마태와 누가 모두 예수님의 동정녀 탄생을 사실로 제시한다. 마태는 "그의 어머니 마리아가 요셉과 약혼하고 동거하기 전에 성령으로 잉태된 것이 나타났더니"(마 1:18)라고 말했다. "보라 처녀가 잉태하여 아들을 낳을 것이요 그의 이름은 임마누엘이라 하리라"(마 1:23)는 마태의

---

3) Adolf von Harnack, *The Acts of the Apostles*, trans. J. R. Wilkinson (London: Williams & Norgate, 1909), 298.

말대로 마리아를 통해 이사야서 7장 14절과 9장 6-7절의 예언이 성취되었다. 한편 누가는 마리아가 동정녀였다는 사실을 세 차례나 거듭 강조했다. 가브리엘 천사가 말을 건넨 마리아는 '처녀'였고(눅 1:27) 마리아도 천사에게 "나는 남자를 알지 못하니"(눅 1:34)라고 말했다.

누가는 또한 "성령이 네게 임하시고 지극히 높으신 이의 능력이 너를 덮으시리니 이러므로 나실 바 거룩한 이는 하나님의 아들이라 일컬어지리라"(눅 1:35)는 천사의 말을 전하면서 성령의 역할을 좀 더 상세하게 언급했다. 이처럼 복음서는 마리아의 처녀성과 성령을 통한 기적적인 잉태를 강조한다.

구원의 역사에 비춰보면 동정녀 탄생에 관한 복음서의 기록은 구원자를 갈망하는 구약성경의 기대를 충족시키는 것으로 나타난다. 하나님은 창세기 3장 15절에서 타락을 부추긴 사탄을 멸하겠다고 약속하셨다. 그리고 예수님의 탄생을 통해 자기 백성을 구원하고 죄를 없애고 새 창조를 이루겠다는 약속을 이루셨다. 예수님은 뱀을 짓밟고 저주를 없앨 여인의 후손이셨다.

하와는 가인의 출생으로 저주가 끝날 것이라고 생각했던 것처럼 보인다(창 4:1). 그러나 그런 식으로 잉태된 아이는 그 누구도 저주를 없앨 수 없다. 왜냐하면 가인처럼 잉태된 아이는 모두 아담의 죄를 물려받기 때문이다. 그런 아이들에게는 죄가 고스란히 전가된다.

그리스도의 죽음이 온전한 속죄의 효력을 발휘하려면 그분이 성령으로 동정녀 마리아에게서 태어남으로써 온전한 하나님이자 온전한 인간이 되셔야 한다. 예수님은 인류의 완전한 대표자로서 세상에 구원을 가져다주셨다.

마리아와 요셉은 동정녀 탄생을 어떻게 믿음으로 받아들여야 하는지를 보여주는 본보기다. 요셉은 자신의 약혼녀가 임신한 사실을 알았지만 의로운 사람이었기 때문에 그 일로 그녀를 수치스럽게 만들고 싶지 않았다. 그래서 그녀와의 관계를 조용히 정리하려고 했다. 그때 천사가 요셉에게 나타나서 마리아가 임신한 아이가 성령으로 잉태된 아이라고 말해주었다. 그는 그 말을 믿었고, "네 아내 마리아 데려오기를 무서워하지 말라"(마 1:20)는 하나님의 명령에 기꺼이 복종했다.

천사는 마리아에게도 찾아가서 하나님이 그녀를 임마누엘을 낳는 도구로 선택하셨다고 말했다. 그녀는 "주의 여종이오니 말씀대로 내게 이루어지이다"(눅 1:38)라고 대답하면서 요셉과 마찬가지로 하나님과 그분의 계획에 충실한 믿음의 본을 보여주었다.

동정녀 탄생의 교리적 의미

앞서 말한 대로, 그리스도의 동정녀 탄생은 교리적으로 매우 중요한 의미를 지닌다. 그 의미 가운데 세 가지만 언급하면 다음과 같다.

첫째, 동정녀 탄생은 그리스도의 참된 신분, 곧 그분이 참 하나님이요 참 인간이라는 사실을 보여준다. 웨인 그루뎀은 이 교리의 중요성을 다음과 같이 요약했다.

하나님은 그 무한한 지혜로 그리스도의 탄생을 통해 인성과 신성을 하나로 결합하기로 작정하셨다. 그 결과 그리스도께서는 보통 사람처럼 인간 모친을 통해 인간으로 출생함으로써 온전한 인성을 지니게 되었고, 성령의 강력한 역사를 통해 마리아의 태에 잉태됨으로써 온전한 신성을 지니게 되셨다.[4]

예수님은 사람의 의지로 잉태된 것이 아니라 성령으로 잉태되셨고 그러한 동정녀 탄생은 인성과 신성의 결합을 가능하게 했다.

둘째, 동정녀 탄생은 죄 없는 아기의 잉태라는 기적을 낳았다. 성경에 따르면 아담의 후손은 모두 죄책을 물려받는다. 그러나 예수님은 아담의 후손이 아니기 때문에 그런 일반적인 상태에 포함되지 않으신다(고후 5:21; 롬 5:18-19). 베르미글리는 다음과 같이 설명했다.

첫째 아담의 후손은 모두 예외 없이 진노와 죄에 속박된 상태다. 그러나 하나님의 지혜는 그리스도의 인성을 인류의 일반적인 상태로부터 보호하고, 인간의 본성에 내재된 것의 영향을 받지 않게 하기 위해 참으로 경이로운 계획을 세웠다. 하나님과 결합된 인간, 곧 신성과 인성을 모두 지닌 존재가 잉태되었다. 천사가 동정녀 마리아에게 예고한 대로 성령께서 그녀에게 임하셨다. 성령께서는 필적할 수 없는 솜씨로 가장 거

---

[4] Wayne Grudem, *Systematic Theology: An Introduction to Biblical Doctrine* (Grand Rapids: Zondervan, 1994), 530.

룩한 은혜를 통해 이미 깨끗해진 그녀의 피를 이용해 이 독특하고 완전한 인간을 빚어내셨다. 은혜로우신 하나님을 통해 영원한 말씀이 인성을 취했다. 동정녀 마리아의 모태가 거룩한 용광로가 되었고 성령께서는 그 안에서 고귀한 영혼과 거룩한 살과 피를 지니고 순종의 종이 되어 살아갈 육체를 만드셨다. 따라서 타락한 아담의 결함은 어느 것 하나도 그리스도께 전달되지 않았다. 두 육체가 모두 비슷한 방식으로 만들어졌지만 우리의 첫 번째 조상은 남자의 씨 없이 기적을 통해 흙으로 창조되었고, 둘째 아담은 하나님의 능력으로 인간이 되었다.[5]

셋째, 동정녀 탄생은 구원의 기적적인 본질을 강조한다. 예수님의 동정녀 탄생은 오직 하나님의 일방적이고 주권적인 행위에 의해서만 설명할 수 있다. 아기 예수는 하나님의 선물이다. 인류는 완전한 인간 구원자를 필요로 했지만 그런 구원자를 스스로 만들어낼 수 없었다.

칼 헨리는 "예수님이 '동정녀 마리아에게 나셨다'는 사실을 통해 우리는 성육신과 화목의 사역이 하나님의 결정적인 개입에 의한 것임을 알 수 있다. 루터가 말한 대로 새로운 시작이 이루어지고 새 창조가 시작되어야 했다"라고 말했다.[6] 그리스도의 탄생은 하나님이 역사에 초자연적으로 개입하여 모든 것을 이루셔야 했다는 사실을 분명하게

---

[5] Peter Martyr Virmigli, *Early Writings: Creed, Scripture, Church* trans. Mario Di Gangi and Joseph C. McLelland, The Peter Martyr Library 1 (Kirksville, MO: Thomas Jefferson University Press, 1994), 37.

[6] Carl F. H. Henry, "Our Lord's Virgin Birth", *Christianity Today*, December 7, 1959, 20.

보여준다.

동정녀 탄생을 부인하거나 무시하거나 적당히 얼버무리는 사람들은 성자의 신성과 성육신의 장엄함을 의미 있게 설명하기가 어렵다. 그리스도의 기적적인 탄생은 신약성경의 선봉장과 같은 역할을 한다. 그것은 정통주의를 가리는 시금석이다.

동정녀 탄생은 성탄의 신비를 지키는 수문장과 같다. 그 앞을 아무렇게나 급히 지나갈 수 있다고 생각해서는 곤란하다. 그것은 신약성경의 출발점에 우뚝 서서 그 초자연적 속성을 적나라하게 드러냄으로써 우리의 합리주의를 논박하고, 그 이후에 기록된 모든 사건이 자기와 똑같은 범주에 속한 것이라는 사실을 일깨워줄 뿐 아니라 자기를 무시하고서는 더 앞으로 나가봤자 아무런 의미가 없을 것이라고 말한다.[7]

개신교 자유주의는 그리스도의 기적적인 탄생을 무시하는 대표적인 본보기에 해당한다. 개신교 자유주의는 그리스도를 지혜로운 스승이나 도덕적인 혁신가로 전락시키고, 복음을 도덕적인 비전을 제시하는 이념으로 취급하며, 기독교를 하나님께로 나아가는 많은 길 가운데 하나로 간주한다. 동정녀 탄생이 없으면 구원의 역사 속에 구원자가 등장할 수 없다.

---

[7] Donald Macleod, *The Person of Christ* (Downers Grove, IL: IVP Academic, 1988), 37.

성경이 동정녀 탄생을 인정한다면 그것은 사실이고, 그것이 사실이라면 우리는 마땅히 믿어야 한다. 복음이 동정녀 탄생을 주장하는데도 그것을 부인하는 것은 곧 성경의 권위를 무시하는 것이다.

자유주의 신학자들에게 동정녀 탄생의 진리를 받아들이느냐 마느냐는 선택의 문제다. 그들이 어느 쪽을 선택하든 그 선택은 성경 전체에 영향을 미칠 것이다.

그러나 진정한 그리스도인들에게는 성경의 진리를 수용하거나 거부할 자유가 없다. 진정한 그리스도인들은 성경에 영향을 주지 않으며, 성경이 그들에게 권위를 행사한다. 그들은 성경의 진리를 받아들일 의무만 갖고 있는 셈이다.

동정녀 탄생을 믿는다는 것은 훨씬 더 많은 의미를 지닌다. 동정녀의 태 안에 성령으로 잉태된 분은 그리스도인들의 마음속에 또한 성령으로 잉태된다. 하나님은 동정녀 탄생으로 시작되는 복음의 기적을 통해 죄에 철저히 물든 사람들 가운데서 새 생명을 창조하신다.

동정녀 탄생의 교리를 당혹스럽게 생각하지 말라. 오히려 그것을 복음의 일부로서 담대히 가르치고, 전하고, 나누라. 그것을 듣고 믿음으로 반응하는 사람은 자기가 믿는 분이 어떤 존재인지를 알게 될 것이다. 마리아의 태 속에 그리스도께서 잉태되신 것처럼 사람들의 마음속에 그리스도의 기적이 잉태되어 나타나는 것을 보게 해달라고 기도하라. 베들레헴 말구유에 놓인 아기는 뱀을 짓밟을 아이였다. 그리스도인들은 그 아이의 이름으로 함께 모인다.

5장

나는 본디오 빌라도에게 고난 받으신
예수 그리스도를 믿습니다

2004년, 멜 깁슨이 감독한 영화 〈패션 오브 크라이스트〉가 극장가를 강타했다. 당시 이 영화는 많은 논쟁을 불러일으켰다. 영화라는 매체를 통해 예수님을 묘사한다는 것이 적절한지를 둘러싸고 의견들이 엇갈렸다.

이 모든 논쟁은 예비 관객들의 관심을 자극했고, 그 결과 영화는 흥행에 성공했다. 사실 그 영화는 당시에 가장 논란이 많았던 문화 상품 가운데 하나였다. 영화가 공식적으로 개봉하기 전에 나는 특별 시사회에 초대받았다. 그러나 참석하기가 조금 주저되었다. 어떤 예술적인 묘사도 그리스도의 인격이 지닌 무한한 깊이를 옳게 전달할 수 없을 뿐 아니라 주님의 십자가를 영화로 묘사하면 그분이 십자가에서 이룬 사역의 초자연적인 측면들이 옳게 드러나기가 어렵다는 생각이 들었기 때문이다. 그러면서도 한편으로는 그 영화에 대해 뭔가를 좀 알고 말할 수 있으려면 직접 봐야 할 것 같은 의무감이 느껴졌다. 결국 나는 신학적인 관점에서는 선뜻 내키지 않지만 어쨌든 시사회에 참석하기로 결정했다.

영화관에 들어서는 순간, 나는 군중의 규모에 놀랐다. 모든 좌석이 꽉 차 있었고, 웅성거리며 대화하는 소리가 가득했다. 관람자들은 영화의 예술적인 기법, 촬영 기법, 연출 기법 등을 분석하기 위해 모든 것을 샅샅이 살펴볼 준비가 되어 있는 듯했다. 영화에 대한 나의 회의적인 시각이 이미 정당성을 확보한 것처럼 보였다. 사람들에게 영화는 단지 또 하나의 할리우드 생산품에 지나지 않았다. 영화가 시작하자 소란한 목소리들이 곧 잦아들었다.

영화의 줄거리는 결말, 곧 주님의 십자가 고난 장면을 향해 신속하게 전개되었다. 영화 내내 갈수록 강도가 더해지며 길게 이어지는 폭력적인 장면이 감각을 자극했다. 아이러니하게도 관람객들은 영화에 집중하면서도 태연하게 팝콘을 집어 먹었다. '어떻게 하나님의 아들이 십자가에 처형되는 장면을 보면서 태연히 팝콘을 먹을 수가 있을까?'라는 생각이 들었다.

그 순간, 나는 사람들이 이 역사적 사건의 중대성을 올바로 이해하지 못하고 있다는 사실을 깨달았다. "만일 알았더라면 영광의 주를 십자가에 못 박지 아니하였으리라"(고전 2:8)는 말씀이 암시하는 대로, 심지어 예수님을 죽음으로 몰아넣은 사람들조차도 자신들이 무슨 일을 하고 있는지 알지 못했다. 하나님의 성령을 통해 눈이 열리지 않은 사람들에게 예수님의 죽음은 한갓 잔인한 역사적 사실일 뿐이다.

그러나 그리스도를 믿고 부활의 능력을 경험한 사람들에게는 그분의 죽음이 하나의 역설, 곧 가장 비극적인 사건이자 가장 영광스러운 진리로 다가오게 마련이다.

그리스도인들은 예수님이 우리를 대신해 고난을 받고 죽기 위해 이 땅에 고난의 종으로 오셨다고 믿는다. 사도신경은 "본디오 빌라도에게 고난 받으신"이라는 말로 이 진리를 나타냈다.

그러나 이 훌륭한 신조에 그런 문구가 포함된 것은 조금 이상하게 느껴진다. 사도신경의 각 구절에는 복음과 신앙의 본질적인 진리들이 담겨 있다. 그 가운데 어느 하나를 제거해도 기독교 전체가 무너진다. 그렇다면 예수님이 본디오 빌라도에게 고난 받으신 사실을 확증하는 것이 어떻게 교회의 흥망을 좌우하는 근본 진리가 될 수 있을까? 그리스도의 고난이 본질적인 진리 가운데 하나인 이유는 무엇일까?

그리스도의 죽음뿐 아니라 그분의 '고난'도 기억하라

주 예수 그리스도를 믿는 신자들이 시대와 장소를 막론하고 이 문구를 고백해온 이유는 그리스도의 고난이 복음에서 핵심적인 비중을 차지하기 때문이다. 그러나 복음주의자들은 거의 전적으로 그리스도의 대리적인 죽음에만 초점을 맞추는 경향이 있다. 우리의 구원을 위한 그리스도의 사역은 두 가지의 본질적이고 핵심적인 차원으로 구성되는데 그분의 죽음은 그 가운데 하나다. 십자가와 빈 무덤은 이 두 가지 차원을 분명하게 드러낸다. 바울 사도는 고린도 교회를 향해 우리의 죄를 위한 그리스도의 십자가 죽음이 그분의 부활과 함께 복음의 가장 중요한 요소라고 말하면서(고전 15:1-3) 그리스도의 십자가를 "자랑하라"고 가르쳤다(갈 6:14). 그러나 그리스도인들은 예수님이 우리를 위해 죽으셨을 뿐 아니라 고난을 받으셨다는 사실을 잊을 때가 많다. 이사야서 52-53장은 고난 받는 종이 와서 하나님의 백성을 구원할 것이라고 예언하면서 고난 받을 자가 또한 다스릴 자가 될 것이라고 말씀한다. 이사야서에 예언된 고난 받는 종에 적합한 사람은 오직 한 사람밖에 없다. 그의 이름은 나사렛 예수, 곧 주 예수 그리스도이시다.

이사야 선지자는 이사야서 52-53장에서 고난 받는 종과 관련해 다섯 가지 요점을 제시했다.

첫째, 이사야는 고난 받는 종의 사역을 보증하고 뒷받침하는 하나님의 약속을 제시했다. 둘째, 이사야는 고난 받는 종의 사명을 묘사했다. 셋째, 이사야는 고난 받는 종이 죄인처럼 고난을 받을 것이지만 무죄하다고 말했다. 넷째, 이사야는 고난 받는 종의 희생이 어느 정도에 이를 것인지를 밝혔다. 다섯째, 이사야는 하나님이 십자가의 길을 옹호하실 것이라고, 곧 종이 고난을 통해 그분의 옹호를 받게 될 것이라고 말했다.

하나님의 약속

고난 받는 종에 대한 예언은 "보라 내 종이 형통하리니"(사 52:13)라는 약속과 함께 시작한다. 그리고 고난 받는 종의 사명은 하나님이 직접 주신 약속과 함께 시작한다. 하나님의 약속 때문에 고난 받는 종의 사역은 조금의 실패 없이 그 목적을 완수할 것이다. 하나님은 이사야서 52-53장에서 자기 백성에게 모호한 제안을 하지 않으셨다. 그분은 하늘의 법정으로부터 확실한 약속을 허락하셨다. 즉 구원을 베풀 종을 약속하셨고 그 종의 사역이 형통할 것을 약속하셨다.

이사야가 전한 이 소식은 듣는 사람들에게 용기를 주었을 것이 틀림없다. 이스라엘은 하나님의 심판을 당해 원수들의 조롱거리가 되었지만 하나님으로부터 분명한 약속을 받았고 그리스도인들은 이 약속이 예수님의 사역을 통해 절정에 이르러 온전하게 이루어졌다는 것을 알고 있다. 이처럼 "본디오 빌라도에게 고난 받으신"이라는 고백은 이사야 52장 13절의 약속에 뿌리를 두고 있다.

그리스도인들은 예수님의 고난을 통해 하나님의 약속이 실현되었다는 것을 안다. 하나님의 약속은 예수님이 하나님의 백성을 위해 십자가에서 고난을 받으며 그분의 진노를 감당한 채 운명하신 그날 온전히 이루어졌다. 하나님의 종은 자신의 피로 하나님 백성의 죄를 속량했고 그 고난을 통해 형통함을 얻었다. 하나님은 예수님의 십자가를 통해 죽음을 정복하고 영광스러운 승리를 거두셨으며 그로써 그분의 삶과 사역은 결실을 맺었다. 예수님은 십자가에 매달리심으로써 하나님의 약속을 이루셨다.

종의 사명

"본디오 빌라도에게 고난 받으신"이라는 고백은 성육신하신 예수님의 사명이 무엇인지를 보여준다. 이사야는 그 사명을 다음과 같이 묘사했다.

> 그는 실로 우리의 질고를 지고 우리의 슬픔을 당하였거늘 우리는 생각하기를 그는 징벌을 받아 하나님께 맞으며 고난을 당한다 하였노라 그가 찔림은 우리의 허물 때문이요 그가 상함은 우리의 죄악 때문이라 그가 징계를 받으므로 우리는 평화를 누리고 그가 채찍에 맞으므로 우리는 나음을 받았도다(사 53:4-5).

고난 받는 종은 질고를 지고, 슬픔을 당하고, 하나님과 사람 사이에서 고난을 받기 위해 세상에 왔다. "그가 찔림은 우리의 허물 때문이요 그가 상함은 우리의 죄악 때문이라 … 그가 채찍에 맞으므로 우리는 나음을 받았도다"는 말씀은 그의 고난이 의도된 것임을 분명하게 드러난다. 이것이 고난 받는 종이 걸어가야 할 길이었다. 그는 하나님 백성의 허물을 짊어지고 그들을 대신해 고난을 받았다.

예수님이 본디오 빌라도에게 고난 받으신 사실을 사도신경에 포함시킨 것은 초기 그리스도인들의 뛰어난 지혜와 복음에 대한 깊은 충실성을 보여준다. 그들의 통찰력은 참으로 성경적이었다.

예수님의 사명은 십자가를 짊어지는 것이었다. 바울은 "하나님이 죄를 알지도 못하신 이를 우리를 대신하여 죄로 삼으신 것은 우리로 하여금 그 안에서 하나님의 의가 되게 하려 하심이라"(고후 5:21)고 말하면서 고난 받는 종의 사명을 간단하게 요약했다. 그는 우리를 위해, 곧 우리의 죄를 대신 짊어지기 위해 세상에 왔다. 그는 흠 없는 삶을 살고 자기 백성을 의롭게 하기 위해 세상에 왔다. 그리고 대리적 고난을 통해 자신의 사명을 완수했다. 자기 백성을 위해 고난을 당하는 것, 그것이 그가 인간이 된 이유였다.

종의 무죄성

고난 받는 종의 무죄성은 이사야서의 예언은 물론, 복음의 핵심 요소에 해당한다. 이사야는 "그가 곤욕을 당하여 괴로울 때에도 그의 입을 열지 아니하였음이여 마치 도수장으로 끌려 가는 어린 양과 털 깎는 자 앞에서 잠잠한 양 같이 그의 입을 열지 아니하였도다"(사 53:7)라고 말했다. 예수님은 자기를 고소하는 사람들 앞에서 침묵하며 살육자들에게 기꺼이 자기의 목숨을 내줌으로써 이사야서의 예언을 성취하셨다. 예수님은 아무 죄도 짓지 않고 완전한 삶을 사셨지만 유대인들은 그분을 십자가에 처형하라고 요구했다. 빌라도가 예수님과 살인자 바라바 가운데 누구를 석방하기 원하느냐고 묻자 그들은 바라바를 선택했다. 빌라도는 하나님에게 부여받은 권위로 예수님의 십자가 처형을 명령했다. 하나님의 완전한 아들이신 예수님은 천사들을 부를 수 있는 권위를 지녔음에도 묵묵히 침묵을 지키셨다. 그분은 흠 없는 어린 양이 되어 잠잠히 죽음을 당하기 위해 세상에 오셨다. 자기가 말씀으로 창조한 자들이 자신을 죄인으로 취급하고 십자가에 못 박도록 허락하셨다.

하나님의 고난 받는 종은 아무런 죄도 짓지 않고 율법에 온전히 복종하셨다. 고난 받는 종은 "강포를 행하지 아니하였고 그의 입에 거짓이 없었"다(사 53:9). 그분의 무죄성이 복음과 사도신경의 핵심이다. 고난 받는 종의 희생이 죄를 깨끗하게 하는 완전한 능력을 지니는 이유는 바로 그의 무죄성 때문이다. 예수님이 죄를 짓고 불완전하게 살다가 살육자 앞에 나가셨다면 복음은 아무런 능력도 나타내지 못했을 것이다.

종의 희생

고난 받는 종의 희생을 묘사한 이사야서의 내용은 전율이 느껴질 만큼 끔찍하다. 그가 사용한 표현은 고난 받는 종이 겪게 될 고통의 깊이와 강도를 적나라하게 드러낸다. 이사야는 "여호와께서 그에게 상함을 받게 하시기를 원하사 질고를 당하게 하셨은즉"(사 53:10)이라고 말했다. 하나님은 고난 받는 종이 상함을 받기 원하셨다. 자기의 기름 부음 받은 자가 죽기를 바라셨다. 하나님이 그렇게 하신 이유는 자기 백성을 위해서였다. 이사야서의 예언은 성부께서 자신의 영원한 아들이 상함을 받기 원한다고 말씀하시는 대목에서 절정에 달한다.

  이 고난의 심각성과 중대성을 진지하게 묵상하지 않으면 우리는 이 진리를 간과하기 쉽다. 성자께서는 스스로 구원의 계획을 세우지 않았으며 오로지 성부의 뜻을 이루기 위해 세상에 오셨다. 그분은 자신의 사역 하나하나가 성부께서 자기를 세상에 보내신 목적(즉 자신의 희생을 통해 자기 백성의 죗값을 치르는 것)을 향해 나아가기 위한 것이라는 사실을 분명하게 의식하셨다. 성부는 성자를 보내시고 성자는 자원하여 세상에 오셨다. 예수님은 십자가에서 죽기까지 복종하셨다(빌 2:8).

  히브리서 저자는 예수님의 희생의 본질을 논하면서 그것이 구약 시대의 희생보다 무한히 월등하다고 말한다.

> 그리스도께서는 장래 좋은 일의 대제사장으로 오사 손으로 짓지 아니한 것 곧 이 창조에 속하지 아니한 더 크고 온전한 장막으로 말미암아 염소와 송아지의 피로 하지 아니하고 오직 자기의 피로 영원한 속죄를 이루사 단번에 성소에 들어가셨느니라(히 9:11-12).

  예수님은 속죄소에 들어가셨다. 그분은 백성들의 죄를 속량하기 위해 대제사장의 예복을 입고 그곳에 들어가셨다. 그러고는 놀랍게도 대제사장의 예복을 벗어버리고 자기 자신을 직접 제단의 제물로 드렸다. 염소나 양 같은 희생 제물은 최종적이고 지속적인 구원의 효력을 발휘할 수 없기 때문에 예수님은 하늘의 장막에 들어가서 백성들의 죄를 위해 스스로 희생 제물이 되어 제단 위에 자기 자신을 바침으로써 완전하고 지속적인 속죄를 이루셨다. 그분은 자신의 생명을 바쳐 피를 흘리셨다. 고난과 십자가를 통해 진홍처럼 붉은 피를 흘려 우리의 죄를 영원히 속량하셨다. 고난 받는 종이 상함 받기를 하나님이 원하셨다는 이사야서의 예언 안에 이런 희생이 암시되어 있다. 이사야서 예언은 성자께서 제단 위에서 우리를 대신해 성부로부터 상함을 받으셨을 때 온전히 이루어졌다.

하나님의 옹호

종이 받게 될 엄청난 고난은 그가 하나님의 옹호를 받게 될 것이라는 약속으로 대미를 장식한다.

> 그가 자기 영혼의 수고한 것을 보고 만족하게 여길 것이라 나의 의로운 종이 자기 지식으로 많은 사람을 의롭게 하며 또 그들의 죄악을 친히 담당하리로다 그러므로 내가 그에게 존귀한 자와 함께 몫을 받게 하며 강한 자와 함께 탈취한 것을 나누게 하리니 이는 그가 자기 영혼을 버려 사망에 이르게 하며 범죄자 중 하나로 헤아림을 받았음이니라 그러나 그가 많은 사람의 죄를 담당하며 범죄자를 위하여 기도하였느니라(사 53:11-12).

이사야는 고난의 목적을 밝히면서 고난 받는 종이 고통을 통해 이룬 것을 영광스럽게 묘사했다. 예수님은 고난을 통해 백성들의 죄악을 담당하고 그로써 죄에 대한 하나님의 진노를 만족시키셨다. 하나님의 심판과 그분의 거룩하심도 예수님을 통해 모두 만족되었다. 구속사의 모든 염원, 죄에 속박된 피조 세계의 모든 탄식이 예수 그리스도의 고난을 통해 안식과 희망으로 바뀌었다. 예수님이 모든 대가를 온전히 치르셨기에 필요한 것은 더 이상 없다. 모든 것이 이루어졌다.

이사야의 예언은 성자의 사역이 온전히 이루어져 그분이 하나님의 옹호를 받을 것이라고 말한다. "많은 사람을 의롭게 하며"라는 말씀대로 예수님의 고난은 칭의를 이루었다. 그분이 많은 사람의 죄를 짊어지신 덕분에 하나님의 백성은 영원한 구원을 확신할 수 있게 되었다. 그분의 고난은 더할 나위 없이 수치스럽고 끔찍했지만 세상을 변화시켰을 뿐 아니라 셀 수 없이 많은 사람들의 운명, 즉 영원히 멸망할 수밖에 없는 이들의 운명을 바꾸어놓았다.

따라서 그리스도인들은 그리스도의 고난의 영광을 올바로 이해해야 한다. 이사야서의 예언이 그리스도의 인격과 사역을 통해 온전히 이루어졌다는 사실은 "본디오 빌라도에게 고난 받으신"이라는 문구의 필요성을 더욱 분명하게 드러낸다. 그것은 단순히 역사적 사실에 대한 확증이 아닌 복음의 진리를 지탱하는 기둥이다. 이사야는 하나님이 종의 고난을 통해 자신의 이름과 자기 백성을 옹호하실 것이라고 예언했다. 고난을 통해 영광이 온다. 하나님은 예수님의 혹독한 고난을 통해 자기 백성의 죄를 속량하셨다.

그리스도께서는 어떤 고난을 받으셨는가?

"본디오 빌라도에게 고난 받으신"이라는 말 안에는 이사야서 52-53장의 예언이 예수 그리스도의 고난을 통해 온전하게 성취되었다는 사실이 함축되어 있다. 사도신경은 '본디오 빌라도'라는 이름을 집어넣어 그 사건의 역사성을 확증했다. 예수님의 고난은 성경에 계시된 대로 특정한 장소와 시간 안에서 이루어진 실제적인 역사적 사건이다. 그러나 예수님이 빌라도에게 고난을 받으셨다는 사도신경의 진술은 단순한 역사성을 훨씬 뛰어넘은 의미를 지닌다. 이 진술은 예수님의 사역에 담긴 핵심 요소, 즉 복음을 능력 있게 하는 핵심 요소를 언급한다. 사도신경에 강조된 고난을 그리스도께서는 어떻게 받으셨을까?

육체적인 고난

오늘날의 그리스도인들은 예수님이 당하신 육체적인 고난을 깊이 생각하지 않을 때가 많다. 아마도 신중한 그리스도인들은 기독론의 난해함 때문에 이 주제를 거론하기를 꺼릴지도 모른다. 그리스도인들은 예수 그리스도라는 한 인격 안에 두 개의 본성(인성과 신성)이 존재한다는 사실을 이해하기 어려워한다. 그러나 인간의 부패한 생각으로 이 교리를 이해하기가 어렵다고 해서 성경의 분명한 가르침마저 외면해서는 곤란하다. 성경은 하나님이자 사람이신 예수님이 육체로 고난을 받으셨다고 가르친다.

예수님은 육체적으로 많은 고난을 겪으셨다. 성경에 언급된 예수님의 육체적인 고난은 다음과 같다.

예수님은 굶주림을 경험하셨다(막 11:12).
예수님은 갈증을 경험하셨다(요 4:7).
예수님은 피로를 느끼셨다(요 4:6).
예수님은 수면을 필요로 하셨다(막 4:38).

성경은 예수님과 모든 인간이 겪는 일을 통해 그분의 인성을 분명하게 가르친다. 따라서 예수님이 하나님이자 또한 인간으로서 고난을 경험하셨다는 사실을 기억하면 그분이 재판과 고문과 십자가형으로 인해 겪으신 고통을 보다 잘 이해할 수 있을 것이다.

하나님의 영원한 아들이신 예수님은 고문과 처형에 수반된 고통을 온전히 경험하셨다. 당시 로마인들은 희생자를 죽이거나 기절시키지 않으면서 최대한의 고통을 느끼게 만드는 고문 방법을 사용했다. 하나님의 아들이요 완전한 인간이신 예수님은 고문과 십자가형이 가져다주는 고통을 고스란히 감당하셨다.

예수님이 완전한 인간으로서 고난을 경험하셨다는 사실은 고난이 이사야의 예언을 이루기 위한 그분의 의도적인 선택이자 복종의 결과였다는 사실을 더욱 선명하게 드러낸다. 성자께서는 로마인의 고문과 십자가형을 통해 가혹하고 끔찍하고 격렬한 고통을 자청하셨다. 이러한 성자 하나님의 고난은 자기 백성을 향한 성부 하나님의 무한한 사랑을 여실히 보여준다. 예수님은 죄와 불순종을 고집하는 백성을 향한 하나님의 사랑 때문에 고통과 멸시와 비난과 육체가 찢기는 고통을 당하셨다.

영적 고난

예수님은 하나님의 백성을 위해 육체적인 고난을 겪었을 뿐 아니라 하나님의 진노 아래 저주를 받는 고통을 감당하셔야 했다. 그분이 그렇게 하신 이유는 죄의 용서와 구원과 속죄를 이루기 위해서였다. 간단히 말해 그분이 하나님의 진노를 감당하신 이유는 복음의 좋은 소식을 가능하게 하기 위해서였다.

바울은 "그리스도께서 우리를 위하여 저주를 받은 바 되사 율법의 저주에서 우리를 속량하셨으니 기록된 바 나무에 달린 자마다 저주 아래에 있는 자라 하였음이라"(갈 3:13)고 말했다. 그는 예수님이 십자가에서 어떤 구원의 기능을 감당하셨는지를 설명함으로써 그분의 고난을 높이 우러렀다. 그리스도께서는 육체적으로 고난을 받으셨을 뿐 아니라 저주까지 받으셨다. 하나님의 백성은 모두 죄를 지어 그분의 영광에 이르지 못했고(롬 3:23) 율법을 지킨 사람이 아무도 없었기에 모든 사람이 율법의 저주 아래 살았다. 그러나 예수님이 홀로 그 모든 저주를 받으셨다. 그분은 죄에 대한 하나님의 진노를 스스로 짊어지셨다.

하나님은 그리스도에게 자기 백성이 저지른 모든 죄에 대한 형벌을 남김없이 쏟아부으셨다. 예수님은 그 모든 진노와 심판과 저주와 고난을 감당하고, 죄인에게 주어지는 영원한 형벌을 대신 받음으로써 하나님의 진노를 만족시키셨다.

그러면 이제 우리가 그의 피로 말미암아 의롭다 하심을 받았으니 더욱 그로 말미암아 진노하심에서 구원을 받을 것이니(롬 5:9).

바울은 그리스도의 십자가의 고난을 통해 성취된 풍성한 축복을 선언했다. 그리스도께서는 자신의 피로 하나님의 진노를 만족시키고 자신의 고난을 통해 구원을 이루셨다. 그분은 모든 사람이 마땅히 감당해야 할 죄의 형벌을 친히 감당하셨다. 그 덕분에 이제 그분을 믿는 사람들은 그런 형벌을 영원히 경험하지 않을 수 있게 되었다.

그리스도의 고난에 대한 우리의 반응

"예수 그리스도를 믿는 사람들은 더 이상 죄의 형벌을 경험하지 않을 수 있게 되었다!" 이 문장은 지극히 보배롭고 완벽하고 영광스럽다. 사실 우리는 그리스도께서 대신 짊어지신 형벌을 영원히 당해야 마땅한 죄인들이다. 그러나 그분을 믿으면 하나님의 진노와 형벌을 당하지 않는다. 그 이유는 그리스도께서 하나님의 정의를 만족시키셨기 때문이다. 그리스도께서 고난을 받으셨기 때문에 그분을 믿는 우리는 지옥의 형벌을 당하지 않을 것이다. 따라서 우리 모두는 제각기 그리스도의 고난에 대해 적절한 반응을 보여야 한다.

하나님의 약속을 믿어라

그리스도의 고난은 기둥처럼 우뚝 서서 하나님이 자신의 말과 약속을 지키신다는 사실을 상기시킨다. 따라서 하나님의 백성은 예수님의 고난을 기억함으로써 항상 하나님을 신뢰해야 한다. 하나님은 그분의 고난을 통해 자기 백성을 향한 사랑을 분명하게 보여주셨다. 바울은 "자기 아들을 아끼지 아니하시고 우리 모든 사람을 위하여 내주신 이가 어찌 그 아들과 함께 모든 것을 우리에게 주시지 아니하겠느냐"(롬 8:32)라고 말했다.

하나님은 자기 아들을 상하게 하심으로 우리를 향한 사랑을 보여주시고 죄에 대한 진노를 가라앉히셨다. 예수 그리스도의 피로 물든 십자가를 통해 하나님의 사랑이 흘러내렸다. 하나님은 자기 백성을 구원하기 위해 자기 아들조차 아끼지 않으셨던 것이다. 이처럼 그리스도의 고난은 하나님의 백성에게 그분을 믿고 신뢰하며 그분의 약속을 굳게 붙잡을 것을 요구한다.

그리스도의 고난에 동참하라

그리스도의 고난으로 인해 그리스도인들에게 새 마음이 주어졌고, 성령의 내주하심이 가능해졌다(롬 8:14-17). 성경은 하나님의 백성에게 구원자의 발걸음을 좇아 자기 십자가를 지고 그분을 따르라고 요구한다. 바울은 고난으로의 부르심을 무거운 짐이 아닌 영광스러운 기쁨이라고 말했다. 그는 빌립보서 3장 7-11절에서 그리스도의 고난을 본받아야 할 영광스러운 이유를 두 가지 제시했다.

그리스도께서 가장 뛰어난 가치를 지니고 계시기 때문에

"또한 모든 것을 해로 여김은 내 주 그리스도 예수를 아는 지식이 가장 고상하기 때문이라 내가 그를 위하여 모든 것을 잃어버리고 배설물로 여김은"(빌 3:8)이라고 말한 바울은 그리스도인에게 주어지는 고난의 현실을 인식했다. 바울은 빌립보서 3장에서 그리스도인들이 타락으로 죽어가는 세상의 쾌락과 유혹과 즐거움을 거부하고자 할 때 겪게 될 고난을 염두에 두고 있었다. 뛰어난 가치를 얻으려면 세상이 주는 일시적인 것들을 내려놓는 고통을 감수해야 한다. 바울은 그리스도를 얻기 위해 세상을 기꺼이 버렸다. 그리스도를 아는 지식이 세상이 주는 그 어떤 것보다도 훨씬 뛰어난 가치를 지녔기 때문이다. 따라서 그는 예수 그리스도를 얻기 위해 세상이 약속하는 모든 것을 포기했다. 그리스도인들도 예수님과 관계를 맺기 원한다면 기꺼이 세상을 포기해야 한다.

그리스도의 고난과 죽음에 동참해야만 부활에 이를 수 있기 때문에

바울은 그리스도인으로서 기쁘게 고난을 받겠다고 말했다. 빌립보서 3장에 기록된 그의 말은 편안함과 안일함에 빠진 서구 기독교의 비위를 거스르기에 충분하다. 그러나 바울의 통찰력은 모든 기독교인의 심장 고동이 되어야 하고, 예수 그리스도의 이름을 주장하는 자들의 맥박이 되어야 한다. 바울은 자기가 모든 것을 기꺼이 포기하는 이유를 이렇게 설명했다.

> 내가 그리스도와 그 부활의 권능과 그 고난에 참여함을 알고자 하여 그의 죽으심을 본받아 어떻게 해서든지 죽은 자 가운데서 부활에 이르려 하노니(빌 3:10-11).

바울은 그리스도의 고난에 동참하고 그분의 죽으심을 본받기 원했다. 왜 그랬을까? 바울은 자신이 죄를 속량하는 또 다른 희생 제물이 될 수 있다거나 예수 그리스도의 사역을 대체할 수 있다고 생각하지 않았다. 바울이 그리스도의 고난을 본받으려고 했던 이유는 복음에 대한 열정 때문이었다. 그는 영원한 지옥의 형벌을 받아야 할 타락한 세상에 구원을 가져다줄 유일한 희망은 오직 복음이라고 확신했다.

바울이 구세주를 본받으려 했던 이유는 영광의 길이 십자가의 길을 통해 온다는 것을 알았기 때문이다. 스토아주의의 세속적인 지혜는 하나님의 경륜에 필적할 수 없다. 하나님은 낮은 자를 높이고 교만한 자를 낮추는 지혜를 나타내 보이셨다. 바울이 그리스도의 멍에, 곧 고난의 멍에를 짊어진 이유는 그것이 가치가 있기 때문이다. 고난의 열매는 부활을 통해 절정에 이른다. 그리스도인의 고난은 예수 그리스도의 고난을 통해 이뤄진 새롭고도 영원한 부활로 귀결된다.

아이작 와츠의 찬송가는 바울의 빌립보서 3장과 사도신경에 진술된 그리스도의 고난을 높이 우러른다. 그는 이렇게 노래했다.

주 달려 죽은 십자가 우리가 생각할 때에
세상에 속한 욕심을 헛된 줄 알고 버리네

죽으신 구주밖에는 자랑을 말게 하소서
보혈의 공로 힘입어 교만한 맘을 버리네

못 박힌 손발 보오니 큰 자비 나타내셨네
가시로 만든 면류관 우리를 위해 쓰셨네

온 세상 만물 가져도 주 은혜 못 다 갚겠네
놀라운 사랑 받은 나 몸으로 제물 삼겠네[1]

---

1) Issac Watts, "When I Survey the Wondrous Cross", Public Domain. 다음의 자료에서 발췌했다. Erik Routley, *Hymns and the Faith* (Greenwich, Connecticut, 1956).

이 영광스러운 찬송가는 그리스도의 십자가와 그분이 골고다에서 겪으신 고난을 생생하게 묘사한다. 〈패션 오브 크라이스트〉 시사회에서 목격한 관객들의 팝콘 먹는 광경과는 달리 와츠의 찬송가는 예수님의 십자가와 고난을 바라보며 예배하게 만든다. 예수님이 십자가에서 고난을 받으신 덕분에 우리는 하나님과의 영원한 삶을 보장받았다. 세상 왕들의 왕관은 그 어떤 것도 예수님의 이마를 짓누른 가시면류관과 비교될 수 없다. 경이롭게 빛나는 그리스도의 십자가보다 더 뛰어난 보좌는 어디에도 없다.

와츠의 찬송가는 그리스도의 혹독한 고난과 그것이 신자들에게 미치는 영향을 반영하고 있다. 그리스도인들은 예수님의 고난을 통해 세상에 대해 죽고 그분 안에서 생명을 발견해야 한다. 십자가의 수치와 고난을 통해 밝히 드러난 하나님의 사랑이 그분의 백성에게 그리스도를 아는 지식의 고상함을 위해 목숨을 아끼지 말라고 요구한다. 예수님의 고난으로 우리의 구원과 칭의와 영생이 이루어졌다. 그리스도의 고난은 교회를 향해 그분의 희생을 영광스럽게 여기고 그분의 발자취를 따르라고 요구한다. 그리스도께서는 본디오 빌라도에게 고난을 받으셨고 우리는 그로 인해 구원받았다.

6장

나는 십자가에 못 박혀 죽으시고 장사되신 예수 그리스도를 믿습니다

나는 젊었을 때 그리스도의 십자가에 대해 강한 반감을 느끼는 신약성경 학자를 본 적이 있다. 그는 그리스도의 십자가가 우리의 구원에 필요하다는 것과 그분이 우리의 죗값(우리가 갚을 능력이 없는)을 갚기 위해 우리 대신 죽으셨다는 것을 전혀 믿으려고 하지 않았다. 한 마디로 그는 '피의 십자가의 종교', 즉 십자가의 메시지를 강력히 거부했다.

그러나 성경은 그리스도께서 우리의 죄를 위해 죽고, 죗값은 반드시 치르셔야 했다고 분명하게 가르친다. 바울 사도가 말한 대로 하나님이 "자기도 의로우시며 또한 예수 믿는 자를 의롭다 하"실 수 있는 길은 오직 십자가뿐이다(롬 3:26). 십자가는 기독교의 상징이다, 로마제국

시대에 사용된 무시무시한 처형의 도구가 사랑과 아름다움과 헌신의 상징이 되었다는 사실은 설명이 필요하다.

그 설명이 바로 신약성경이다. 십자가의 메시지는 구원의 좋은 소식이고, 십자가의 이야기는 죄인들을 향한 하나님의 사랑 이야기다. 하나님이 죄인들을 사랑하시고 그리스도께서 경건하지 않은 자들을 위해 죽으셨다는 것보다 더 놀라운 진리는 없다.

바울 사도는 "우리가 아직 죄인 되었을 때에 그리스도께서 우리를 위하여 죽으심으로 하나님께서 우리에 대한 자기의 사랑을 확증하셨느니라"(롬 5:8)고 말했다. 요한 사도는 그리스도인들에게 "아버지께서 어떠한 사랑을 우리에게 베푸셨는지", 즉 우리가 어떻게 십자가에서 이루어진 구원을 통해 '하나님의 자녀'라고 일컬어지게 되었는지를 생각해보라고 권고했다(요일 3:1).

사도신경은 하나님의 독생자이신 예수 그리스도께서 "십자가에 못 박혀 죽으시고 장사되었다"는 고백으로 구원의 핵심 진리를 일깨운다. "십자가에 못 박히고, 죽고, 장사되었다"라는 세 마디가 십자가의 이야기를 생생하게 증언한다.

예수님은 실제로 자신을 비웃는 사람들의 손에 의해 십자가에 못 박히셨고 그 위에서 실제로 숨을 거두셨으며 그 후에 장사되셨다. 그리고 이 모든 것을 통해 하나님의 계획이 온전히 이루어졌다.

베드로 사도는 유월절에 많은 군중에게 말씀을 전했다.

이스라엘 사람들아 이 말을 들으라 너희도 아는 바와 같이 하나님께서 나사렛 예수로 큰 권능과 기사와 표적을 너희 가운데서 베푸사 너희 앞에서 그를 증언하셨느니라 그가 하나님께서 정하신 뜻과 미리 아신 대로 내준 바 되었거늘 너희가 법 없는 자들의 손을 빌려 못 박아 죽였으나(행 2:22-23).

이 말씀에서 분명하게 알 수 있는 대로 십자가는 하나님의 뜻과 상관없이 예수님에게 우발적으로 일어난 일이 아니었다. 그것은 하나님의 계획이었다.

세례 요한은 예수님을 처음 본 순간에 "보라 세상 죄를 지고 가는 하나님의 어린 양이로다"(요 1:29)라고 외쳤다. 흠 없는 어린 양은 피의 희생 제도를 나타내는 가장 잘 알려진 상징이었다.

예수님은 제자들에게 "사람이 친구를 위하여 자기 목숨을 버리면 이보다 더 큰 사랑이 없나니"(요 15:13)라고 말씀하셨다. 예수님은 스스로 말씀한 대로 기꺼이 십자가를 짊어질 생각이셨다.

이를 내게서 빼앗는 자가 있는 것이 아니라 내가 스스로 버리노라 나는 버릴 권세도 있고 다시 얻을 권세도 있으니 이 계명은 내 아버지에게서 받았노라(요 10:18).

이것이 그리스도인들이 십자가에 못 박히신 예수님을 희생자가 아닌 승리자로 바라보는 이유다. 그분은 구원을 위해 세상에 오셨고 그 목적을 온전히 이루셨다.

그러나 십자가가 신앙생활의 중심이라는 사실을 싫어하는 사람들이 있다. 어떤 사람들은 십자가(피의 속죄)라는 개념, 곧 죄를 속량하기 위해 그리스도의 죽음이 필요했다는 개념 자체에 반감을 느낀다. 그런 사람들은 발전된 현대 사회에서 십자가의 진리 같은 것은 필요하지 않다고 생각한다.

이런 반론들 가운데 몇 가지를 살펴보면 십자가의 깊은 의미를 좀 더 자세히 알 수 있다. 만일 그리스도인들이 사도신경에 포함된 이 진리를 버리고 이단 사상에 현혹된다면 갈보리의 십자가를 통해 밝히 드러난 하나님의 영광을 보지 못한 채 구원과 희망을 잃고 말 것이다.

왜 십자가를 반박하는가?

십자가를 반박하는 이들, 즉 십자가의 원수들은 사도 시대에 그 근원을 두고 있다. 바울은 "내가 여러 번 너희에게 말하였거니와 이제도 눈물을 흘리며 말하노니 여러 사람들이 그리스도의 십자가의 원수로 행하느니라"(빌 3:18)고 말했다. 영적 어둠에 사로잡힌 교만한 사람들은 십자가의 메시지를 싫어한다. 십자가는 죄를 인정하라고 요구하며 행위에 근거한 구원이 불가능하다고 말한다.

세속 사회와 다른 종교를 믿는 사람들이 주로 십자가의 원수들로 행세한다. 그러나 가장 위험한 원수들은 진리를 혼잡하게 만드는 신자들 사이에서 발견된다. 십자가를 비판하는 자들은 거짓 가르침을 유포하는데 그들의 가르침을 저지하지 않고 방치하면 많은 사람들이 진리에서 벗어나는 사태가 빚어질 수 있다. 그들은 세 가지 차원에서 그리스도의 십자가를 공격함으로써 역사적이고 성경적인 기독교를 논박하려고 애쓴다.

첫째, 그들은 죄를 속량하기 위한 희생의 필요성을 부인한다.

둘째, 그들에게 십자가는 하나님이 자기 자식을 학대하신 사건과 다름없다.

셋째, 그들은 십자가 사건의 역사성을 부인하고 십자가를 다룬 성경 본문에서 도덕적인 교훈만을 찾아내려고 노력한다.

희생에 대한 반감

하나님이 죄를 용서하기 위해 죽음을 필요로 하신다는 개념을 싫어하는 사람들이 있다. 이 반론은 희생 제도에 대한 혐오감에서 비롯한다. 이 반론을 지지하는 사람들은 피를 흘리는 희생이 생명의 불필요한 손실을 초래하는 냉혹한 살인 행위라고 주장한다. 그런 제도를 용서의 근거로 채택하는 하나님은 인류가 도달한 오늘날의 정의 체계 안에서 더 이상 설 자리가 없다. 사랑과 은혜의 하나님은 피 흘림을 통해 죄를 속량하실 필요가 없다.

물론 이런 생각은 하나님의 거룩하심과 죄의 현실을 심각하게 오해한 것이다. 하나님의 거룩하심은 그분의 가장 중요한 속성에 해당하고, 죄는 그분의 거룩하심을 거스르는 행위다. 따라서 하나님의 거룩하심을 제거해버리면 죄도 다시 정의해야 한다.

성경은 대리 속죄를 명명백백하게 가르친다. 히브리서 저자는 "피 흘림이 없은즉 사함이 없느니라"(히 9:22)고 말했다. 성경에 따르면 죄의 심각성과 하나님의 거룩하심은 서로 밀접하게 관련된다. 이 반론을 지지하는 사람들이 희생의 필요성을 못마땅하게 생각하는 이유는 죄(하나님의 율법을 어김으로써 그분의 거룩하심을 무한히 거스르는 행위)를 혐오하지 않기 때문이다.

과거에 신학교에서 나를 가르쳤던 교수는 속죄의 희생을 요구하는 신을 이해할 수 없었다. 그 이유는 그가 스스로 자신의 신을 만들어냈기 때문이었다. 그가 만든 신은 성경에 자기를 계시하신 거룩하고 영광스러운 하나님에 비하면 무한히 열등했다. 성경은 이 반론에 두 가지로 대답한다.

첫째, 성경은 하나님의 거룩하심을 통해 그분의 영광을 드러낸다.

> 너희는 내 성호를 속되게 하지 말라 나는 이스라엘 자손 중에서 거룩하게 함을 받을 것이니라 나는 너희를 거룩하게 하는 여호와요(레 22:32).

> 여호와와 같이 거룩하신 이가 없으시니 이는 주 밖에 다른 이가 없고 우리 하나님 같은 반석도 없으심이니이다(삼상 2:2).

하나님이 뭇 백성을 다스리시며 하나님이 그의 거룩한 보좌에 앉으셨도다(시 47:8).

거룩하다 거룩하다 거룩하다 만군의 여호와여 그의 영광이 온 땅에 충만하도다(사 6:3).

내가 거룩하니 너희도 거룩할지어다(벧전 1:16).

위의 말씀들은 하나님의 눈부신 아름다움과 순수하기 그지없는 거룩하심을 증언한다. 그분의 이름, 보좌, 통치, 즉 그분의 본질 자체가 지극히 영광스럽고 거룩하다. 하나님은 그런 속성에 의해 모든 피조물과 구별되신다. 하나님은 '무에서'(ex nihilo) 유를 창조한 창조주로서 통치하신다. 피조물 가운데 그분과 견줄 수 있는 것은 아무것도 없다. 하나님은 본성적으로 죄를 미워하기 때문에 자신의 거룩하고 의로운 통치를 거스르는 행위를 반드시 징벌하셔야 한다.

둘째, 성경은 죄의 심각성과 그 결과를 분명하게 보여준다.

범죄자들은 함께 멸망하리니 악인의 미래는 끊어질 것이나(시 37:38).

내가 세상의 악과 악인의 죄를 벌하며 교만한 자의 오만을 끊으며 강포한 자의 거만을 낮출 것이며(사 13:11).

> 보라 여호와께서 그의 처소에서 나오사 땅의 거민의 죄악을 벌하실 것이라(사 26:21).

> 무릇 율법 없이 범죄한 자는 또한 율법 없이 망하고 무릇 율법이 있고 범죄한 자는 율법으로 말미암아 심판을 받으리라(롬 2:12).

> 죄의 삯은 사망이요(롬 6:23).

하나님이 죄에 대해 진노하는 이유는 거룩하시기 때문이다. 하나님은 죄를 반드시 징벌하셔야 한다. 그 이유는 온 우주 안에 인류의 죄악보다 더 큰 악은 어디에도 없기 때문이다. 죄는 하나님의 통치와 권위를 노골적으로 거스른다. 그런 죄의 삯은 영원한 죽음이다.

그러나 하나님은 인류를 희망 없이 내버려두지 않으셨다. 그분은 용서의 길을 열어주기 위해 구약성경을 통해 희생 제도를 제공하셨다. 제사장이 희생 제사를 드리면 하나님은 은혜롭게도 자신의 진노를 희생 제물 위에 쏟아붓고 백성의 죄를 속량하셨던 것이다.

그러나 희생 제도는 죄를 온전히 속량할 수 없었다. 따라서 하나님은 독생자를 세상에 보내 단번에 죄를 속량하는 은혜를 베푸셨다. 그분의 보배로운 피가 하나님 백성의 죄를 영원히 속량했다. 그분의 희생이 없었다면 모든 사람이 아무런 희망 없이 여전히 죄 가운데 살고 있을 것이다. 따라서 희생의 필요성을 부인하는 것은 곧 복음을 부인하는 것이다.

하나님, 우주적인 자녀 학대자

어떤 사람들은 하나님을 자녀 학대자로 만든다는 이유를 들어 그리스도의 죽음의 필요성을 부인한다. 그들은 "누가 자기 아들을 죽이는 하나님을 사랑하겠는가?"라고 묻는다. 그들은 성부께서 자기 아들을 범죄자로 만들어 십자가에 내주었다는 개념에 몸서리치며, 그리스도의 희생이라는 성경적인 개념을 믿는 것은 곧 자기 아들을 혹독한 고문에 방치해 죄에 대한 진노를 감당하게 만든 사악한 하나님을 믿는 것과 마찬가지라고 생각한다. 그러나 이 입장은 십자가 사건을 성경의 다른 계시와 분리시킨다.

첫째, 성경은 성부와 성자 사이에 존재하는 사랑을 종종 언급한다. 예수님이 세례를 받으실 때 성부께서는 그분을 향해 깊은 사랑과 기쁨을 표현하셨다(마 3:17). 바울은 하나님이 그리스도의 복종과 희생을 기뻐하사 그분을 영광스럽게 하셨다고 선언했다(빌 2:9). 실제로 성부께서는 성자를 모든 피조물 위에 높이시고, 예수님에게 모든 이름 위에 뛰어난 이름을 주시며, 모든 피조물이 그 앞에 무릎을 꿇게 하셨다.

둘째, 예수님은 버림을 받아서가 아니라 자원해서 십자가에 못 박히셨다. 그분은 "나는 선한 목자라 선한 목자는 양들을 위하여 목숨을 버리거니와"(요 10:11)라고 말씀하셨다. 히브리서 저자도 예수님이 앞에 있는 기쁨을 위해 십자가를 참으셨다고 말했다(히 12:2). 성경은 성부께서 성자를 십자가에 버렸다고 가르치지 않는다. 오히려 성경은 성자께서 자기 백성을 위해 기꺼이 목숨을 내놓으셨다고 가르친다. 그분은 자기 양들을 위해 목숨을 내놓으셨다. 십자가를 향해 나아갔고, 그 수치를 기꺼이 감당했으며, 성부의 뜻에 복종했고, 하나님의 백성을 위해 구원을 이루셨다.

십자가, 오로지 도덕적인 교훈?

요즘에는 흔히 십자가가 집안을 장식하는 용도나 목걸이로 사용되곤 한다. 그런 식으로 어떤 사람들은 십자가를 도덕적이고 윤리적인 가르침(동료 인간을 섬기라는 부르심)을 전하는 상징으로 이용한다. 그런 가르침은 십자가의 참된 의미(하나님이 죄를 용서하기 위해 자기 아들에게 진노를 쏟아부으신 수단)를 묵살한다. 성경은 하나님이 세상을 창조할 때 자기 아들의 피를 흘리게 함으로써 죄인들을 구원할 계획을 세우셨다고 분명하게 가르친다(엡 1:3-10).

감상주의와 감정주의가 기독교에 깊이 침투한 것은 매우 안타까운 일이 아닐 수 없다. 감상주의가 전하는 복음은 십자가가 도덕적인 본보기를 보여 우리를 좀 더 사랑이 많은 사람으로 만들기 위한 것이라고 가르친다. 이 거짓 복음은 십자가를 통해 나타난 그리스도의 사랑을 구원에 필요한 사건이 아닌, 본받아야 할 윤리로 간주한다.

이런 주장에 따르면 십자가는 속죄를 이루기 위한 수단이 아니라 단지 고난을 감수하는 사랑의 본보기를 보여줌으로써 하나님과 동료 인간을 향한 우리의 태도를 변화시키는 역할을 할 뿐이다. 이 이단 사상은 십자가를, 하나님이 인간들과 자신의 관계를 개선할 목적으로 사용하신 방법(즉 사람들을 감화시켜 자기에 대한 그들의 신뢰를 끌어내려는 의도로 사랑을 나타내 보이셨다)으로 간주한다.

그러나 십자가는 인간들과의 관계 개선을 위한 하나님의 수단이 아니었다. 십자가는 우리의 죄에 대한 하나님의 격렬한 진노를 만족시켰다. 십자가가 하나님의 사랑을 나타낸 것은 사실이다. 그러나 그분의 사랑은 죄를 통해서 볼 때 더욱 뚜렷하게 부각된다. 로마서 5장 8절은 "우리가 아직 죄인 되었을 때에 그리스도께서 우리를 위하여 죽으심으로 하나님께서 우리에 대한 자기의 사랑을 확증하셨느니라"고 말씀한다.

십자가를 단순한 윤리적 교훈이나 하나님의 사랑을 홍보하기 위한 사건으로 간주하는 사람들은 십자가가 지닌 사랑의 능력을 무력화하는 것이다. 십자가는 하나님이 우리를 대신해 자기 아들을 희생시킨 사건으로 하나님의 사랑을 장엄하게 드러낸다.

하나님은 자기 아들에게 진노를 쏟아부어 우리의 반역에 대해 정의를 집행하셨다. 그리고 동시에 죄인들에게 예수 그리스도의 완전한 의를 전가하셨다. 우리의 죄를 그리스도께 전가하고 믿음을 통해 그분의 의를 우리에게 덧입혀주신 것이다. 이것은 참으로 엄청난 사랑이요, 엎드려 경배하지 않을 수 없는 영광스러운 사랑이다.

반론자들을 논박하는 마지막 말

성경은 그리스도를, 믿는 자들의 죄를 속량하기 위해 죽으신 거룩한 희생 제물로 제시한다. 복음은 매혹적이고 감상적인 메시지와는 거리가 멀다. 복음에는 하나님의 구원 능력이 담겨 있다. 복음은 죄인들에게 예수 그리스도의 희생적인 사역을 바라보고 신뢰하라고 요구한다.

어떤 사람들은 부인하지만 십자가의 속죄 사역은 하나님의 본성과 성품을 온전히 드러낸다. 우리는 십자가 안에서 죄에 대한 하나님의 깊은 증오심을 발견한다(그리스도의 죽음은 우리의 반역이 초래한 비극적인 결과다).

또한 우리는 십자가 안에서 하나님의 극진한 사랑을 발견한다. 그분은 자기 백성을 죄 가운데 버려두어 영원히 지옥에서 고통을 받게 하지 않으신다. 그분은 자기 아들을 내주어 사탄의 손아귀에서 그들을 건져내셨다. 십자가를 통해 자신의 완전한 본성과 성품, 즉 거룩한 사랑과 정의를 동시에 밝히 드러내는 놀라운 역사를 이루셨다.

성경은 십자가의 필요성을 가르친다. 바울은 로마서 3장 21절과 그 이후의 구절에서 성부 하나님이 인간에 대한 사랑으로 성자를, 죄를 속량하기 위한 '화목 제물'로 삼으셨다고 말했다. 하나님은 거룩하시기 때문에 속죄의 희생을 요구하실 수밖에 없다. 그러나 그분은 그 일을 사랑으로 행하셨다. 존 스토트는 하나님의 사랑과 정의의 관계를 이렇게 설명했다.

이런 하나님의 이중적 속성이 서로 조화를 이룰 수 없다고 생각해서는 안 된다. 왜냐하면 우리가 느끼는 것과 달리 하나님은 결코 자기모순을 일으키지 않으시기 때문이다. 그분은 '평화의 하나님'이기 때문에 항상 혼란이 아닌 내적 평안을 유지하신다. 사실 우리는 악인들을 징벌하시는 재판관이자 그들을 용서할 방법을 찾으시는 사랑의 은인이라는 하나님의 두 가지 이미지를 동시에 떠올리기가 어렵다. 그러나 그분은 그 두 가지가 모두 되신다.[1)]

바울은 인간이 스스로 죗값을 치를 수 없다고 말했다. 오직 죄 없는 하나님만이 죄의 대가를 치르실 수 있다. 오직 흠 없는 어린 양의 온전한 복종만이 영원한 죗값을 치를 수 있는 희생의 피를 제공할 수 있다. 바울이 빌립보서 2장에서 말한 대로 예수님은 자기를 낮춰 "십자가에 죽기까지" 복종하셨다.

그 덕분에 그리스도를 믿는 사람들은 의롭다 하심을 얻을 수 있게 되었다. 성부 하나님은 예수님의 희생을 통해 속죄의 희생을 요구하는 자신의 정의를 만족시켰고, 그분의 희생에 근거해 죄인들을 의롭다고 선언하실 수 있게 되었다.

대리 속죄를 부인하는 것은 하나님의 본성과 구원의 유일한 희망을 부인하는 것이다. 그리스도의 속죄 사역을 부인하면 그분의 지상 사역이 모두 물거품이 된다. 스코틀랜드 신학자 포사이스는 1909년에

---

1) John Stott, *The Cross of Christ*, anniv. ed. (Downers Grove, IL: IVP Books, 2006), 131.

『십자가의 중요성』(The Cruciality of the Cross)이라는 책을 저술했다. 그는 이 책에서 그리스도와 십자가의 긴밀한 관계를 강조했다.

> 십자가가 그리스도의 전부다. 그리스도께서 하늘이나 땅에서 하신 일은 모두 십자가에서 하신 일로 집중된다. … 다시 말하지만 십자가는 그리스도의 전부다. 그리스도의 십자가를 이해해야만 비로소 그분을 이해할 수 있다.[2]

포사이스의 말은 낡고 거친 십자가를 바라보게 만든다. 그는 십자가의 능력과 계시를 간과하지 말라고 권고했다. 십자가가 없었으면 구원도 없었을 것이다. 십자가가 없었으면 인류는 죄에 눈먼 상태로 그대로 머물렀을 것이다. 십자가가 없었으면 아무도 하나님을 알지 못했을 것이다.

십자가_믿음의 상징

십자가가 기독교적인 삶과 떼려야 뗄 수 없는 관계를 맺고 있다는 사실은 교회 시대 전반에 걸쳐 나타난다. 초기 교부들과 교회 지도자들은 여러 가지 형태의 상징물을 기독교의 휘장으로 사용했다. 그러

---

[2] Peter Taylor Forsyth, *The Cruciality of the Cross* (London: Hodder & Stoughton, 1909), 44-45.

나 그 가운데 십자가의 의미와 영광을 능가할 만한 것은 아무것도 없다. 예수님의 십자가가 믿음의 강력한 상징인 이유는 그것이 복음의 핵심이요, 세상 속의 수치였으나 궁극의 영광이기 때문이다.

복음의 핵심

바울은 "내가 받은 것을 먼저 너희에게 전하였노니 이는 성경대로 그리스도께서 우리 죄를 위하여 죽으시고 장사 지낸 바 되셨다가 성경대로 사흘 만에 다시 살아나사"(고전 15:3-4)라고 말하면서 고린도 신자들에게 십자가가 복음의 핵심이라는 사실을 상기시켜주었다.

그는 그리스도의 죽음이 죄 사함을 받는 데 가장 우선적이고 중심적인 역할을 한다고 선언했다. 예수 그리스도의 십자가가 없었다면 자신의 사역과 믿음도 헛것이라고 말하면서 초대교회의 삶 속에서 십자가를 진리의 기둥으로 제시했다.

세상의 걸림돌

기독교의 원수들은 초기 그리스도인들을 박해하기 위해 그들을 십자가에 매달았다. 그들을 수치로 몰아넣고 사회적인 배척을 받게 하기 위함이었다. 그러나 그리스도인들은 십자가를 부끄럽게 여기지 않고 오히려 기쁘게 받아들였다. 바울은 "우리는 십자가에 못 박힌 그리스도를 전하니 유대인에게는 거리끼는 것이요 이방인에게는 미련한 것이로되"(고전 1:23)라고 말했다.

십자가는 로마 시대에 범죄자들이나 반란자들을 처단하기 위한 도구로, 고난과 무력함의 절정이었다. 따라서 십자가를 전하는 것은 너무나도 어리석은 일이었다. 그러나 십자가는 속죄를 위한 영원한 희생의 상징으로 우뚝 서 있다.

예수님은 십자가에서 죽음으로써 죽음을 정복하고 사탄의 결박을 깨뜨리고 포로된 자들을 자유롭게 하셨다. 그리스도의 십자가는 구원의 기념비로 우뚝 섰다. 그곳에서 하나님의 정의와 사랑이 서로 아름답게 조화를 이루었다.

교회가 십자가를 굳게 붙드는 이유는 너무나도 엄청난 아름다움을 지녔기 때문이다. 하나님은 로마제국의 십자가 위에서 그리스도를 통해 구원을 이루셨다. 갈보리의 십자가는 세상의 눈에 어리석어 보이고 사람들에게는 걸림돌이 될지 몰라도 그 위에 흐른 그리스도의 진홍색 핏물에는 놀라운 구원의 능력이 담겨 있다.

영광

바울은 "그러나 내게는 우리 주 예수 그리스도의 십자가 외에 결코 자랑할 것이 없으니 그리스도로 말미암아 세상이 나를 대하여 십자가에 못 박히고 내가 또한 세상을 대하여 그러하니라"(갈 6:14)고 말했다. 예수 그리스도의 십자가가 없으면 삶이 무가치하다는 고백이다. 그는 온 세상을 다 잃어도 그리스도를 얻는다면 그보다 더 큰 영광이 없다고 생각했다(빌 3:7-8). 십자가는 바울의 전부였다. 십자가가 없으면 그는 생명도 없고, 사역도 없고, 희망도 없고, 기쁨도 없었다.

이처럼 십자가는 예수 그리스도 안에 있는 모든 신자의 참된 영광이 아닐 수 없다. 십자가는 처형의 도구가 아닌 영광의 기념비다. 십자가는 세상의 덧없는 아름다움을 무가치하게 만들고, 하나님과 함께 영원히 사는 삶을 제공한다.

십자가로 인해 정죄함이 사라지고(롬 8:1), 하늘의 모든 축복이 하나님의 백성에게 풍성하게 임한다(엡 1:4, 7-8). 예수님의 십자가에는 말로 표현할 수 없는 장엄한 영광이 간직되어 있다. 이 영광은 모든 세속적인 희망과 야욕을 무가치하게 만든다.

십자가에 못 박혀 죽어 장사되셨다_요한복음 19장

"십자가에 못 박혀 죽으시고 장사된 지"라는 사도신경의 고백은 기독교의 핵심 진리다. 이 진리는 기독교 신앙의 상징인 십자가의 중요성을 분명하게 보여준다. 요한복음 19장은 예수님의 십자가형과 죽음과 장사라는 역사적인 사실을 집중적으로 다룬다. 즉 예수님의 죽음과 장사를 사실로 입증하는 여러 가지 세부 내용을 담고 있다.

요한의 기록은 하나님 아들의 죽음이라는 현실을 직시하도록 이끈다. 그리고 예수님의 강림과 사역의 목적이 무엇인지를 잘 보여준다. 그분은 죽음으로 세상의 죄를 속량하기 위해 이 땅에 오셨다. 역사를 새롭게 바꾸어놓은, 엄청나고 영광스러운 예수 그리스도의 희생을 다론 기록으로는 요한복음 19장이 단연 으뜸이다.

배척 받으신 예수님

이야기는 예수님이 십자가에 못 박히신 사실에서 시작하지 않는다. 죄 없는 구원자요 메시아인 예수님이 범죄자를 처단하는 십자가에 못 박히시기 전에 먼저 일련의 충격적인 일들이 일어났다. 요한의 기록을 읽어보자.

> 이 날은 유월절의 준비일이요 때는 제육시라 빌라도가 유대인들에게 이르되 보라 너희 왕이로다 그들이 소리 지르되 없이 하소서 없이 하소서 그를 십자가에 못 박게 하소서 빌라도가 이르되 내가 너희 왕을 십자가에 못 박으랴 대제사장들이 대답하되 가이사 외에는 우리에게 왕이 없나이다 하니(요 19:14-15).

하나님의 백성들은 무죄한 성자 하나님을 배척했다. 사실 종교 지도자들은 구약성경에 '하나님의 기름 부음 받은 자'라고 예고된 메시아를 고대하고 있었다. 그리고 마침내 그분이 오셨다. 예수님은 그들과 함께 거하면서 병자들을 치유하고, 죽은 자들을 무덤에서 다시 살려내고, 귀신들을 내쫓고, 권위 있게 가르치셨다. 메시아가 왔는데도 그들은 "그를 십자가에 못 박게 하소서"라고 소리쳤다.

로마 총독 빌라도는 예수님을 십자가에 못 박지 않으려고 애썼다.

예수님에 대한 고소가 아무런 근거가 없다는 것을 알았기 때문이다. 그래서 그는 군중에게 "내가 너희 왕을 십자가에 못 박으랴"라고 물으며 마지막 노력을 기울였다.

종교 지도자들의 대답은 그들의 마음이 얼마나 어둡고 그들의 죄가 얼마나 깊은지를 고스란히 드러냈다. 그들은 "가이사 외에는 우리에게 왕이 없나이다"라고 대답했다. 자신들의 왕이신 하나님을 부인하고 세상의 통치자에게 충성심을 보였던 것이다. 그러나 예수님은 침묵을 지키셨다. 그분은 도살자 앞에 있는 양처럼 자기가 세운 민족에게 배척당하는 것을 묵묵히 감내하셨다.

십자가에 못 박히신 예수님

요한의 기록은 갈보리, 즉 골고다('해골'이라는 뜻)를 향한 긴 행진으로 이어진다.

> 그들이 거기서 예수를 십자가에 못 박을새 다른 두 사람도 그와 함께 좌우편에 못 박으니 예수는 가운데 있더라(요 19:18).

영광스러운 성자, 참 하나님에게서 나오신 참 하나님이 로마제국의 십자가에 매달리셨다. 군인들은 그분의 옷을 벗기고 살점들이 튀어나가도록 채찍으로 그분을 때렸다. 그들은 예수님이 예정보다 일찍 숨을 거두거나 충격으로 인해 실신할 수 있을 만큼 충분히 그분의 육체에 해를 가했다. 예수님의 손목과 발목에 대못이 박힐 때마다 살과 뼈가 상했고 구경꾼들은 그것을 보고 그분을 멸시하며 조롱했다.

그러나 예수님은 자신의 의지로 자원해서 십자가에 매달리셨다. 그분은 세상의 죄인들을 구원하기 위해 오셨으며 심지어 자기를 십자가에 못 박은 자들에게까지 구원을 베풀기 원하셨다. 나의 죄를 비롯해 하나님의 백성이 지은 모든 죄 때문에 그리스도께서 십자가에 못 박히셨다.

"다 이루었다"(tetelestai)_ 예수님의 죽음

아마도 이보다 더 충격적인 일은 없을 것이다. 예수님의 제자들은 예수님에게 자신들의 삶과 희망을 걸었다. 예루살렘의 수많은 사람들이 예수님을 따랐고 그분을 메시아로 믿었다. 그들의 희망이 십자가에 매달려 곧 사라질 위기에 처했을 때 예수님은 이 모든 일이 어떻게 끝날 것인지를 알고 계셨다. 그분은 비록 십자가에 매달려 있을지라도 자신의 통치가 계속해서 이루어지고 있다는 것을 의식하셨다. 자신이 성경의 모든 약속과 구원사의 오랜 갈망을 이루고 있는 중임을 아셨다.

그 후에 예수께서 모든 일이 이미 이루어진 줄 아시고 성경을 응하게 하려 하사 이르시되 내가 목마르다 하시니 거기 신 포도주가 가득히 담긴 그릇이 있는지라 사람들이 신 포도주를 적신 해면을 우슬초에 매어 예수의 입에 대니 예수께서 신 포도주를 받으신 후에 이르시되 다 이루었다 하시고 머리를 숙이니 영혼이 떠나가시니라(요 19:28-30).

"다 이루었다." 요한은 예수님의 마지막 말씀을 기록했다. 그분의 마지막 말씀은 지축을 흔들었고 성전의 휘장을 갈랐으며 하늘을 우레처럼 진동시켰다. 그분은 성부의 뜻에 온전히 복종하셨다. 그분은 십자가 위에서 자신을 기꺼이 제물로 드렸다.

그분은 하나님 백성의 죄에 대한 성부 하나님의 진노를 남김없이 감당하셨다. 하나님의 아들인 예수님은 그렇게 운명하셨다. 그것은 우주의 역사상 가장 위대한 일을 이룬 죽음이었다. 예수님은 십자가 위에서 "다 이루었다"라는 말로 마침내 온전하고 영원한 구원이 이루어졌음을 선언하셨다.

예수님의 장사

사도신경은 예수님의 십자가 죽음과 장사를 언급했다. 그러나 오늘날의 복음주의자들은 그분의 장사를 그렇게 중요하게 생각하지 않는 듯하다. 그리스도인들은 죽은 구원자가 아닌 부활하여 살아난 주님을 예배한다.

그러나 요한은 예수님의 장사를 우연한 일이나 이야기의 단순한 결말로 다루지 않았다. 예수님의 장사는 십자가와 부활 사이에 끼인 형식적인 사건이 아니었다. 오히려 그것은 예수님의 십자가 죽음과 연관되어 일어난 일들 가운데서 매우 중요한 위치를 차지한다.

> 아리마대 사람 요셉은 예수의 제자이나 유대인이 두려워 그것을 숨기더니 이 일 후에 빌라도에게 예수의 시체를 가져가기를 구하매 빌라도가 허락하는지라 이에 가서 예수의 시체를 가져가니라 일찍이 예수께 밤에 찾아왔던 니고데모도 몰약과 침향 섞은 것을 백 리트라쯤 가지고 온지라 이에 예수의 시체를 가져다가 유대인의 장례 법대로 그 향품과 함께 세마포로 쌌더라 예수께서 십자가에 못 박히신 곳에 동산이 있고 동산 안에 아직 사람을 장사한 일이 없는 새 무덤이 있는지라 이 날은 유대인의 준비일이요 또 무덤이 가까운 고로 예수를 거기 두니라(요 19:38-42).

이 본문에서 알 수 있는 대로 놀라운 일이 일어났다. 요한복음 3장에서 예수님에게 찾아왔던 니고데모가 다시 모습을 드러냈다. 그는 단순한 인간이 아닌 왕이신 예수님을 장사하기 위해 왔다. 그가 예수님을 위해 가져온 몰약과 침향은 왕과 군주를 장사하는 의식에 사용되는 물건이었다. 니고데모는 만왕의 왕이요 만주의 주이신 예수님에게 그것을 사용했다.

신자들은 마땅히 그리스도의 무덤을 경이롭게 생각해야 한다. 그리스도의 장사는 그분의 속죄 사역이 얼마나 중대한 것인지를 생생하게 보여준다. 무덤은 예수 그리스도가 아닌 그분의 백성을 위한 것으로, 하나님의 사랑과 죄의 대가가 얼마나 큰지를 분명하게 보여준다.

하나님의 아들이 무덤에 장사된 것은 죄의 두려움과 그리스도 안에 나타난 하나님의 사랑(지극히 뛰어나고 무한하며 우주적이고 말로 다 표현할 수 없을 만큼 엄청난 사랑)이 어떻게 역설적인 조화를 이루게 되었는지를 잘 보여 준다.

못 박히신 왕_ 놀라운 하나님 사랑

"십자가에 못 박혀 죽으시고 장사된 지"라는 말은 기독교적 희망의 근거다. 십자가에 못 박힌 왕은 복음의 상징이자 메시지다. 예수님의 복음이 가정과 나라와 온 세상에 뿌리내리기를 원하는 그리스도인이라면 '십자가'를 전해야 한다. 구약성경은 십자가를 예고하며 대망했다. 예수님은 자신이 세상에 온 목적을 분명히 아셨고 일거수일투족 모두 십자가를 염두에 두셨다.

바울은 십자가에 못 박히신 그리스도를 전하고 그 강력한 복음의 메시지를 굳게 붙잡아야 한다는 것을 알았다. 교회는 곧바로 십자가를 믿음에 가장 적합한 상징으로 받아들였다. 교부들은 교회의 건강과 생명력을 위해 사도신경에 십자가를 포함시켰다.

오늘날의 그리스도인들도 이 고백의 소중함을 분명하게 의식해야 한다. "십자가에 못 박혀 죽으시고 장사된 지"라는 말에는 무한히 풍성하고 놀라운 하나님의 사랑이 간직되어 있다. 이 말의 의미를 온전히 알 수 있는 사람은 아무도 없다. 하나님의 백성은 십자가에 나타난 그분의 은혜, 즉 영원히 생각해도 그 깊이를 이루 다 헤아릴 수 없는 그 은혜에 놀라워할 것이다.

형제자매들이여, "십자가에 못 박혀 죽으시고 장사되어"라는 말에는 그리스도 안에서 우리에게 주어진 하나님의 무한한 사랑이 담겨 있다. 이 사랑을 알고 그 안에서 영광을 누리자.

7장

나는 죽은 자 가운데 계신
예수 그리스도를 믿습니다

예수님은 십자가에서 죽었고 그분의 시신은 장사되었다. 그러면 그때 그분은 과연 어디에 계셨을까?

사도신경의 짧은 문구는 운명하신 예수님이 신구약 성경이 죽은 자들의 영역으로 묘사하는 곳에 계셨다고 말한다. 그곳을 가리키는 구약성경의 용어는 '스올'이고 신약성경의 용어는 '하데스'다. 둘 다 죽은 자들이 마지막 심판을 기다리며 한시적으로 머무는 장소를 가리킨다.

이 문구가 사도신경에 포함되었지만 우리는 예수님이 그곳에 가신 것에 대해 성경이 가르치는 한도를 넘어서지 않도록 각별히 주의를 기울여야 한다. 이번 장이 짧은 이유는 성경이 가르친 것만을 믿고,

그 이상을 넘어서는 사변을 일삼을 생각이 없기 때문이다.

중세시대의 일부 신학자들은 신학적 사변의 유혹에 이끌려 성경이 지옥에 관해 가르치는 것을 훨씬 넘어섰다. 더욱이 '하데스'가 라틴어를 거쳐 영어로 번역되면서 혼란이 더 가중되었다. 그 이유는 '하데스'가 '지옥'으로 번역될 때가 너무나도 많기 때문이다. 이것은 틀린 번역은 아니지만 적합한 번역이 못 된다.

신약성경의 헬라어에는 고통의 장소를 가리키는 '게헨나'라는 용어가 포함되어 있다. 성경은 예수님이 '게헨나'에 내려가셨다고 말하지 않는다. 성경이 말씀하는 것은 예수님이 죽으셨다는 사실뿐이다. 사도신경의 이 문구는 그 중요한 사실을 강조할 뿐이다.

어떤 그리스도인들은 그리스도께서 영으로 노아와 같은 구약 시대의 성도들에게 찾아가서 승리를 선언하셨다는 베드로전서 3장 19절과의 연관성 여부를 궁금해한다. 이 말씀은 누가복음 16장 19-31절과 같은 다른 성경 구절들과 일맥상통한다.

누가복음의 본문은 부자가 하데스에서 고통을 당하고 있고 나사로도 하데스에서 아브라함의 품(가장 영예로운 장소)에서 위로를 받고 있다고 진술한다. 하데스, 곧 죽은 자들이 머무는 영역에는 고통의 장소와 축복의 장소가 공존한다. 이는 성경의 전체적인 가르침에 일치한다.

히브리서 12장 2절은 예수 그리스도를 "믿음의 주요 또 온전하게 하시는 이"로 묘사한다. 히브리서 11장은 특별히 이름을 거론한 성도들을 포함해 구약 시대의 모든 성도가 "다 믿음으로 말미암아 증거를 받았으나 약속된 것을 받지 못하였으니 이는 하나님이 우리를 위하여 더 좋은 것을 예비하셨은즉 우리가 아니면 그들로 온전함을 이루지 못하게 하려 하심이라"고 말한다(히 11:39-40). 장차 그들은 그리스도 안에 있는 모든 신자들과 더불어, 곧 우리와 따로 떨어져서가 아니라 우리와 더불어 완전해질 것이다.

베드로전서 3장에 명예롭게 언급된 노아와 히브리서 11장 7절에 명예롭게 언급된 노아는 동일 인물이다. 이 노아는 구약 시대의 다른 영웅들과 더불어 믿음의 본보기로 칭송받았다. 사도신경의 이 문구를 이해하려면 구약성경을 살펴봐야 한다. 시편 저자는 이렇게 말했다.

> 이는 주께서 내 영혼을 스올에 버리지 아니하시며 주의 거룩한 자를 멸망시키지 않으실 것임이니이다(시 16:10).

베드로는 오순절의 설교를 통해 다윗이 그리스도를 미리 바라보았다고 말했다.

> 형제들아 내가 조상 다윗에 대하여 담대히 말할 수 있노니 다윗이 죽어 장사되어 그 묘가 오늘까지 우리 중에 있도다 그는 선지자라 하나님이 이미 맹세하사 그 자손 중에서 한 사람을 그 위에 앉게 하리라 하심을 알고 미리 본 고로 그리스도의 부활을 말하되 그가 음부에 버림이 되지 않고 그의 육신이 썩음을 당하지 아니하시리라 하더니(행 2:29-31).

베드로는 다윗이 자기 자신이 아닌 그리스도에 대해 말했다고 설명했다. 그리스도께서는 죽어 무덤에 장사되고 영으로 죽은 자들의 영역(하데스)에 들어가셨지만 버림을 당하지도, 육신이 썩지도 않으셨다.

왜 그랬을까? 그 이유는 하나님이 그분을 죽은 자 가운데서 살리셨기 때문이다. 따라서 그리스도께서 지옥에 내려가셨다고 고백할 때에는 '하데스'가 그분을 붙잡아둘 수 없었다는 사실을 기뻐하고 축하할 준비를 해야 한다.

8장

나는 사흘 만에 죽은 자 가운데서 다시 살아나신 예수 그리스도를 믿습니다

"어찌하여 살아 있는 자를 죽은 자 가운데서 찾느냐"(눅 24:5). 이것은 성경에서 발견되는 가장 충격적인 질문 가운데 하나다. "찬란한 옷을 입은"(눅 24:4) 두 천사는 살아 있는 사람을 찾기 위해 무덤에 가는 사람은 아무도 없다고 말하면서 예수께서 "여기 계시지 않고 살아나셨느니라"(눅 24:6)고 선언했다.

또한 천사들은 예수님의 시신을 돌보기 위해 무덤에 찾아온 여자들에게 그분이 전에 갈릴리에서 "인자가 죄인의 손에 넘겨져 십자가에 못 박히고 제삼일에 다시 살아나야 하리라"(눅 24:7)고 말씀하셨던 것을 상기시켜주었다.

예수 그리스도께서는 사흘 만에 다시 살아나셨다. 이것은 인류 역사상 가장 위대한 복음이다. 예수 그리스도의 부활은 역사적 사실이자 기적 중의 기적일 뿐 아니라 죄를 회개하고 믿는 모든 사람에게 주어지는 구원의 약속이다.

역사는 하나님 아들의 성육신을 통해 새롭게 전환되었고 그리스도의 구원 사역은 사흘 만에 죽은 자 가운데서 부활한 사실로 인해 효력을 얻었다.

성경의 증언

복음서는 예수님의 육체 부활을 당당하게 주장하고 증언한다. 복음서 저자들(마태, 마가, 누가, 요한) 모두가 빈 무덤과 증인들과 부활하신 그리스도의 현현을 언급했다. 사도행전은 십자가와 부활을 초대교회의 사도적 가르침의 핵심 진리로 제시했다.

또한 서신서들은 부활의 신학적 의미를 상세하게 전했다. 신약성경의 신학적 내용은 예수 그리스도의 부활을 통해 궁극적인 형태를 갖추었다. 사복음서는 예수님의 육체 부활을 일관되게 증언한다. 빈 무덤을 처음 목격한 사람들은 뜻하지 않은 사건에 당황했을 테지만 사복음서는 부활의 역사성을 아무런 혼란 없이 명확하게 전하고 있다(마 28장; 막 16장; 눅 24장; 요 20장).

최초의 두 증인(즉 두 여인)이 빈 무덤에서 돌아와 부활에 관한 소식을 전했을 때 제자들은 모두 터무니없는 소리라고 생각했던 듯하다. 베드로는 빈 무덤을 살펴보기 위해 직접 그곳에 갔고 그곳에 세마포만 놓여 있는 것을 보고는 놀라워하며 돌아왔다(눅 24:12). 예수님은 나중에 직접 두 제자 앞에 모습을 드러내셨다.

> 미련하고 선지자들이 말한 모든 것을 마음에 더디 믿는 자들이여 그리스도가 이런 고난을 받고 자기의 영광에 들어가야 할 것이 아니냐 하시고 이에 모세와 모든 선지자의 글로 시작하여 모든 성경에 쓴 바 자기에 관한 것을 자세히 설명하시니라(눅 24:25-27).

예수님이 책망하시는 것은 온당했다. 그분은 자신의 부활을 옹호하며 그것이 예언의 성취라고 설명하셨다. 예수님이 자주 부활을 언급하셨기 때문에 제자들은 그것을 기대해야 마땅했다(마 17:22; 26:61; 막 8:31; 14:58; 눅 9:22; 요 2:19). 복음서는 예수님의 역사적인 육체 부활을 일관되게 증언한다.

그리스도와 그분의 부활은 사도들과 초대교회의 증언에 활력과 타당성을 부여했다. 베드로는 사도행전에서 하나님이 예수님을 죽은 자 가운데서 살리셨기 때문에 그분이 구원자가 틀림없다는 확신을 전했다. 그는 "하나님께서 그를 사망의 고통에서 풀어 살리셨으니 이는 그가 사망에 매여 있을 수 없었음이라"(행 2:24)고 말했다.

베드로와 다른 제자들에게 예수님의 부활은 그분이 다윗의 보좌에 앉게 될 약속된 상속자라는 사실을 입증하는 확실한 증거였다(행 2:29-36). 사도행전의 첫 부분에 기록된 베드로의 설교는 십자가와 부활이 사도적 증거의 두 가지 핵심 원리였다는 사실을 분명하게 보여준다. 죄인들에게 회개하고 믿으라는 부르심이 주어질 수 있는 이유는 십자가와 부활 때문이다.

베드로는 이방인들에게 복음을 전하면서 십자가와 부활과 회개를 하나로 연결했다.

> 우리는 유대인의 땅과 예루살렘에서 그가 행하신 모든 일에 증인이라 그를 그들이 나무에 달아 죽였으나 하나님이 사흘 만에 다시 살리사 나타내시되 … 우리에게 명하사 백성에게 전도하되 하나님이 살아 있는 자와 죽은 자의 재판장으로 정하신 자가 곧 이 사람인 것을 증언하게 하셨고 그에 대하여 모든 선지자도 증언하되 그를 믿는 사람들이 다 그의 이름을 힘입어 죄 사함을 받는다 하였느니라(행 10:39-43).

베드로는 부활이 구원의 희망을 보장한다는 것을 이해했다. 바울도 사도행전에서 예수님의 부활과 죄 사함의 연관성을 보여주었다.

> 하나님께서 살리신 이는 썩음을 당하지 아니하였나니 그러므로 형제들아 너희가 알 것은 이 사람을 힘입어 죄 사함을 너희에게 전하는 이것이며(행 13:37-38).

그리스도의 부활은 단지 초대교회의 핵심 교리에 그치지 않는다. 부활은 사도적 선포는 물론, 현대 교회의 증언에서도 여전히 핵심을 차지한다.

바울을 비롯해 신약성경 저자들은 부활에 관해 길게 말했다. 가령 바울은 부활의 신학적 의미를 논할 때 말을 아끼지 않았다. 그는 "그리스도께서 다시 살아나신 일이 없으면 너희의 믿음도 헛되고 너희가 여전히 죄 가운데 있을 것이요"(고전 15:17)라고 말했다.

그리스도의 죽음과 부활은 죽어 썩어질 운명에 처한 사람들에게 구원의 희망을 준다(히 2:14-15 참조). 그리스도의 부활 때문에 죄 가운데 죽은 사람들이 새 생명의 희망을 가질 수 있게 되었다.

> 사망이 한 사람으로 말미암았으니 죽은 자의 부활도 한 사람으로 말미암는도다 아담 안에서 모든 사람이 죽은 것 같이 그리스도 안에서 모든 사람이 삶을 얻으리라(고전 15:21-22).

바울은 하나님이 "우리를 의롭다 하시기 위해" 예수님을 살리셨다고 말했다(롬 4:25; 10:9-10 참조). 예수님은 인간의 죗값을 치르기 위해 죽으셨고, 죄인을 의롭게 하기 위해 살아나셨다. 예수님이 죽음에 머물러 있지 않으셨기 때문에 그리스도인들도 죄 가운데 머물러 있지 않는다. 베드로도 그리스도의 부활이 우리의 구원과 관련해 어떤 의미를 지니는지를 밝혔다.

우리 주 예수 그리스도의 아버지 하나님을 찬송하리로다 그의 많으신 긍휼대로 예수 그리스도를 죽은 자 가운데서 부활하게 하심으로 말미암아 우리를 거듭나게 하사 산 소망이 있게 하시며(벧전 1:3).

그리스도인들은 중생을 통해 그리스도를 죽은 자 가운데서 살려낸 능력과 동일한 부활의 능력을 경험한다. 우리가 거듭날 수 있는 이유는 예수 그리스도께서 무덤에서 부활하셨기 때문이다.

부활을 언급한 신약성경의 구절들을 살펴보면 다음과 같은 주제들이 다루어지고 있음을 알 수 있다.

첫째, 십자가와 부활은 하나로 통일된 구원 행위에 해당한다(롬 4:24-25).
둘째, 교회는 그리스도의 육체 부활을 미래의 약속으로 제시한다(눅 24:24).
셋째, 그리스도의 육체 부활은 구약성경에 제시된 하나님 약속의 성취다 (눅 24:25-27).
넷째, 그리스도의 부활은 우리의 구원을 지탱하는 토대다. 그 이유는 그분이 항상 살아서 우리를 위해 중보기도를 드리시기 때문이다(히 7:25).
다섯째, 그리스도의 부활은 회개를 독려한다(행 10:39-43; 13:37-38).
여섯째, 그리스도인들은 성화의 과정을 거치는 동안 부활의 능력을 경험한다(벧전 1:3).

일곱째, 부활은 예수 그리스도께서 하나님의 아들이시라는 명백한 증거다(행 17:30-31). 그리스도의 부활은 단지 여러 교리 가운데 하나가 아니라 가장 큰 교리적 중요성을 지닌다.

바울 사도는 부활을 다룬 고린도전서 15장을 이렇게 시작했다.

형제들아 내가 너희에게 전한 복음을 너희에게 알게 하노니 이는 너희가 받은 것이요 또 그 가운데 선 것이라 너희가 만일 내가 전한 그 말을 굳게 지키고 헛되이 믿지 아니하였으면 그로 말미암아 구원을 받으리라(고전 15:1-2).

이것이 구원의 복음이다. 바울은 헛되이 믿지만 않으면 구원을 받을 것이라고 장담했다. 헛되이 믿지 않는다는 것은 무슨 의미일까? 바울은 "그리스도께서 다시 살아나신 일이 없으면 너희의 믿음도 헛되고 너희가 여전히 죄 가운데 있을 것이요"(고전 15:17)라고 설명했다.

그리고 계속해서 이 점을 좀 더 상세하게 설명했다. "만일 그리스도 안에서 우리가 바라는 것이 다만 이 세상의 삶뿐이면 모든 사람 가운데 우리가 더욱 불쌍한 자이리라"(고전 15:19). 이것이 바울이 십자가와 부활을 복음의 중심으로 삼아 그 신학적 중요성을 강조했던 이유다.

내가 받은 것을 먼저 너희에게 전하였노니 이는 성경대로 그리스도께서 우리 죄를 위하여 죽으시고 장사 지낸 바 되셨다가 성경대로 사흘 만에 다시 살아나사(고전 15:3-4).

바울이 여기에서 사용한 표현(즉 "먼저"와 "성경대로")에 주목하라. 그는 우리의 주의를 사로잡아 십자가와 빈 무덤의 중요성 및 복음의 현실을 직시하도록 이끈다. 사도신경의 고백이 성경에서 직접 비롯한 것이라는 사실을 또 한 번 확인할 수 있는 대목이다.

부활의 신학적 의미

부활의 신학적 중요성을 좀 더 깊이 이해하려면 세 가지 차원에서 그 의미를 살펴보는 것이 필요하다.

첫째, 그리스도인들은 그리스도의 부활 안에서 칭의의 근거를 발견한다. 성부께서는 성자께서 신자들을 대신해 치르신 희생을 인정함으로써 성자를 옹호하셨다. 그리고 성자 하나님의 부활을 통해 그런 옹호를 사실로 입증해 보이셨다. 따라서 부활은 예수님이 이루신 속죄를 성부께서 받아들이셨다는 증거다(롬 4:24-25; 빌 2:8-9).

둘째, 성경은 중생을 부활의 능력에서 비롯한 결과로 묘사한다. 바울은 에베소 신자들이 "우리에게 베푸신 능력의 지극히 크심"을 알게 해달라고 기도했고 그 능력은 그리스도가 죽은 자 가운데서 다시 살리셨을 때 나타났다고 말했다(엡 1:19-20).

그리스도와 연합한 신자들은 부활의 능력을 통해 그분을 더욱 잘 따르도록 변화된다(롬 6:3-5, 8; 고전 15:20-23; 엡 1:18-20). 칭의와 중생의 관점에서 부활의 의미를 밝힌 칼뱅의 설명은 매우 유익하다. 그는 이렇게 말했다.

그리스도의 죽음으로 죄가 없어졌고, 그분의 부활로 의가 되살아나 회복되었다. 그분 자신이 죽음에 굴복했다면 어떻게 우리를 죽음에서 자유롭게 하실 수 있고, 그분이 그 싸움에서 패배했다면 어떻게 우리를 위한 승리를 쟁취하실 수 있었겠는가? 이런 점에서 구원의 내용은 마땅히 그리스도의 죽음과 부활이라는 두 가지로 나누어 생각할 필요가 있다. 그리스도의 죽음을 통해 죄가 말살되고 죽음이 정복되었으며, 그분의 부활을 통해 의가 회복되고 생명이 되살아났다. 그분의 죽음이 우리 안에서 능력과 효력을 나타낼 수 있게 된 이유는 그분의 부활 때문이다.[1]

칼뱅 신학의 근거인 신약성경은 종종 부활과 관련된 표현을 신자들의 중생에 적용한다. 베드로도 바울처럼 중생을 그리스도의 부활과 연관시킨다. 그는 "그의 많으신 긍휼대로 예수 그리스도를 죽은 자 가운데서 부활하게 하심으로 말미암아 우리를 거듭나게 하사 산 소망이 있게 하시며"(벧전 1:3)라고 말했다.

---

[1] John Calvin, *Institutes of the Christian Religion*, Book 2, Chapter 16.13, p. 521.

셋째, 그리스도의 부활은 하나님의 백성이 누리게 될 종말론적인 영광을 예고한다. 사실 예수님의 부활 자체가 종말론적인 사건이자 종말에 있을 모든 신자의 부활의 첫 시작이었다.

> 영화는 구원 과정의 마지막 단계다. 영화는 그리스도께서 재림해 죽은 신자들의 육체를 되살려 그들의 영혼과 재결합시키고, 살아 있는 신자들의 육체를 변화시켜 모든 신자가 동시에 자기처럼 완전한 부활을 경험하게 하실 때에 이루어진다.[2]

바울은 "죽은 자들 가운데서 먼저 나신 이"(골 1:18)라는 말로 그리스도의 부활을 묘사했다. 그리스도의 부활은 신자들의 집단 부활을 예고한다. 그리스도의 부활은 "잠 자는 자들의 첫 열매"다(고전 15:20, 23). "첫 열매"(롬 8:23; 11:16; 16:5)는 더 많은 열매가 열릴 것을 보증하는 증표다. 예수님은 "마지막 아담"이요 "살려주는 영"이시다(고전 15:45).

이 말은 그리스도께서 새로운 인류(아담을 머리로 하지 않는 사람들)의 창조자이시라는 의미다. 아담은 인류에게 "흙에 속한 자의 형상"을 물려주었지만 예수님은 장차 그리스도인들에게 "하늘에 속한 자의 형상"을 입혀주실 것이다(고전 15:49).

예수 그리스도의 육체 부활은 그분을 믿는 자들도 죽은 자 가운데서

---

2) Grudem, *Systematic Theology*, 828 (4장 각주 4를 참조하라).

부활할 것이라는 확신을 준다. 바울은 이렇게 말했다.

> 형제들아 내가 이것을 말하노니 혈과 육은 하나님 나라를 이어 받을 수 없고 또한 썩는 것은 썩지 아니하는 것을 유업으로 받지 못하느니라 보라 내가 너희에게 비밀을 말하노니 우리가 다 잠 잘 것이 아니요 마지막 나팔에 순식간에 홀연히 다 변화되리니 나팔 소리가 나매 죽은 자들이 썩지 아니할 것으로 다시 살아나고 우리도 변화되리라 이 썩을 것이 반드시 썩지 아니할 것을 입겠고 이 죽을 것이 죽지 아니함을 입으리로다 이 썩을 것이 썩지 아니함을 입고 이 죽을 것이 죽지 아니함을 입을 때에는 사망을 삼키고 이기리라고 기록된 말씀이 이루어지리라 사망아 너의 승리가 어디 있느냐 사망아 네가 쏘는 것이 어디 있느냐 사망이 쏘는 것은 죄요 죄의 권능은 율법이라(고전 15:50-56).

이것이 부활하신 그리스도를 우리가 찬송할 수 있는 이유다. 만일 그리스도의 육체가 무덤에 그대로 머물러 있었다면 우리도 여전히 죄의 속박에서 벗어나지 못했을 것이다.

부활_죄 용서, 구원, 영생의 토대

그리스도의 부활은 죄의 용서, 죽음으로부터의 구원, 영원한 생명을 가능하게 하는 신학적 토대를 확립한다. 빈 무덤이 그런 희망의 근거이자 구원의 확신을 제공하는 이유다. 그리스도의 부활은 하나님의 약속을 모두 성취했다.

이제 그리스도인들은 그리스도께서 죽음을 영원히 멸하실 마지막 때를 고대한다. 죽음을 정복하는 일은 그분의 부활로 인해 이미 시작되었다. 성부께서는 하늘과 땅의 모든 피조물에게 예수 그리스도를 부활하신 주님으로 선언하신다.

9장

나는 하늘에 오르시어 전능하신 아버지 하나님 우편에 앉아 계신 예수 그리스도를 믿습니다

만일 예수님이 승천해 하나님의 오른편에 앉으신 일이 사도신경에 언급되지 않았다면 그 사실을 알아차린 사람이 과연 얼마나 될까? 예수님의 희생으로 이루어진 일과 그분의 십자가 및 부활을 다룬 신앙 서적들은 셀 수 없이 많다. 그리스도의 재림도 기독교적 영성과 희망의 근거로 크게 강조되곤 한다.

그러나 그리스도의 승천은 오늘날의 그리스도인들 사이에서 거의 주목을 받지 못한다. 그리스도의 승천이라는 무한히 풍성한 진리를 전하는 설교도 찾아보기 힘들기는 마찬가지다. 게다가 그리스도의 승천을 노래하는 찬송가도 극히 드물다. 그리스도인들은 예수님이 지극히 높은 곳에서 온 우주를 통치하신다는 영광스러운 진리를 묵상하며 그것을 자신의 삶에 적용하도록 좀 더 노력할 필요가 있다.

예수님의 승천이 없었다면 복음은 지금 같은 능력을 지니지 못했을 것이다. 예수님은 하나님의 오른편에 앉아 자신이 이룬 사역에 근거해 새로운 희망의 시대를 여셨다. 사도신경의 이 문구는 교회의 흥망을 좌우하는 놀라운 진리들을 우레처럼 크게 선포한다.

그리스도인들은 그리스도의 승천과 우주의 왕으로서의 대관식에 깊은 관심을 기울일 필요가 있다. 이 두 가지 진리는 기독교 영성의 횃불이 되어야 마땅하다. 아마도 "하늘에 오르시어 전능하신 아버지 하나님 우편에 앉아 계신 예수 그리스도"라는 말씀만큼 그리스도인들에게 많은 위로를 주는 말씀은 찾아보기 어려울 것이다.

그리스도의 승천에 관한 성경의 가르침

사도신경의 작성자들은 성경에 근거해 기독교 신앙의 핵심인 신학과 교리와 예배의 근본 원리들을 신조에 포함시켰다. 예수님이 승천해 하나님의 오른편에 앉으셨다는 사실이 사도신경에 포함된 이유는 그것이 신약성경과 교회의 신앙에 중요한 의미를 차지하기 때문이다.

마가복음과 누가복음에는 예수님의 승천을 가장 온전하고 상세하게 다룬 기록이 발견된다. 마태와 요한은 예수님의 승천을 직접 다루지는 않았지만 그들이 기록한 복음서의 내용 안에 이미 그 사실이 전제

되어 있다. 마태복음은 예수 그리스도를 통해 새 왕국이 시작되었다고 암시함으로써 그분이 승천해 하나님의 오른편에 앉으신 것을 기정사실화했다. 마태복음 28장에 기록된 지상명령에는 제자들에게 주어진 예수님의 은혜로운 약속이 포함되어 있다. 그분은 세상 끝날까지 그들과 함께할 것이라고 약속하며 하늘과 땅의 모든 권세가 자기에게 주어졌다고 말씀하셨다.

요한복음 13장 13절과 14장도 곧 있을 예수님의 승천과 하늘에서의 통치를 예고했다. 이미 말한 대로 마가복음과 누가복음과 사도행전에는 예수님이 세상에서 제자들과 함께 보내신 마지막 순간을 확실한 역사적 사실로 진술한 내용들이 발견된다.

축복하실 때에 그들을 떠나 (하늘로 올려지시니) 그들이 (그에게 경배하고) 큰 기쁨으로 예루살렘으로 돌아가 늘 성전에서 하나님을 찬송하니라(눅 24:51-53).

주 예수께서 말씀을 마치신 후에 하늘로 올려지사 하나님 우편에 앉으시니라 제자들이 나가 두루 전파할새 주께서 함께 역사하사 그 따르는 표적으로 말씀을 확실히 증언하시니라(막 16:19-20).

오직 성령이 너희에게 임하시면 … 이 말씀을 마치시고 그들이 보는데 올려져 가시니 구름이 그를 가리어 보이지 않게 하더라(행 1:8-9).

위의 세 기록은 그리스도께서 제자들과 마지막 작별을 나누실 때의 정황을 잘 보여준다. 마가와 누가가 이 사건을 기록한 이유는 교회를 유익하게 하기 위해서였다. 그들의 기록에는 당시의 정겨운 분위기와 그리스도의 영원한 통치 안에서 그리스도인들이 누리게 될 희망이 잘 보존되어 있다. 그리스도의 승천은 기독교 신학과 관련해 세 가지 중요한 진리를 가르친다.

첫째, 그리스도께서는 승천을 통해 높아지셨다.

둘째, 그리스도의 승천으로 성령 강림이 가능해졌다.

셋째, 그리스도의 승천은 장차 그리스도인들이 하늘에 영원히 거하게 될 것을 보장한다.

그리스도의 높아지심

하나님은 예수님을 모든 피조물 위에 높이기 위해 그분의 승천을 계획하셨다. 승천 기사는 한결같이 예수님이 하늘로 올라가셨다고 진술한다. 누가는 "하늘로 올려지시니"(눅 24:51)라는 표현을 사용했다. 예수님의 승천은 단지 땅에서 하늘로 공간 이동이 이루어진 것만을 의미하지 않는다.

승천은 예수 그리스도의 영광과 지상권과 높아지심을 나타낸다. 바울은 성부께서 성자를 다시 영광의 보좌에 앉히신 사실을 이렇게 증언했다.

그의 능력이 그리스도 안에서 역사하사 죽은 자들 가운데서 다시 살리시고 하늘에서 자기의 오른편에 앉히사 모든 통치와 권세와 능력과 주권과 이 세상뿐 아니라 오는 세상에 일컫는 모든 이름 위에 뛰어나게 하시고 또 만물을 그의 발아래에 복종하게 하시고 그를 만물 위에 교회의 머리로 삼으셨느니라 교회는 그의 몸이니 만물 안에서 만물을 충만하게 하시는 이의 충만함이니라(엡 1:20–23).

성부께서는 예수님을 죽은 자 가운데서 다시 살려 자기의 오른편에 앉히셨다. 그곳은 피조 세계 전체를 다스리는 지고한 권위를 지닌 자리다. 가장 큰 행성에서 눈에 보이지 않는 원자에 이르기까지 모든 것이 예수 그리스도의 통치를 받는다. 세상에 있는 왕들과 주권들은 물론 우주의 권세까지도 무덤을 정복하신 자의 통치에 복종한다.

그리스도께서 하나님의 오른편에 앉으셨다는 것은 그분이 지금 온 세상을 통치하며 신자들을 대신하는 사역을 계속하고 계신다는 뜻이다. 부활하여 높아진 그리스도께서는 선지자요 제사장이요 왕이시다. 그분은 대제사장으로서 성부 앞에서 신자들을 위해 중보기도를 드리신다. 히브리서 7장 25절은 "그러므로 자기를 힘입어 하나님께 나아가는 자들을 온전히 구원하실 수 있으니 이는 그가 항상 살아 계셔서 그들을 위하여 간구하심이라"고 말씀한다. 그리스도가 성부 앞에서 드리는 중보기도는 그분이 십자가에서 이루신 대리 속죄만큼이나 동일하게 중요하다. 우리의 구원은 우리의 중보자요 대제사장, 곧 성부의 오른편에 앉아 계시는 그리스도의 신실하심에 전적으로 의존한다.

바울도 영광스러운 기독론을 담은 빌립보서 2장 9-11절에서 그리스도의 높아지심을 언급했다. 그는 그곳에서 하나님이 예수님을 "지극히 높이셨다"고 말했다. 예수 그리스도의 이름이 선포되는 것만으로도 온 피조물은 그분의 영광과 보좌 앞에 엎드리게 된다. 장차 모든 방언과 종족과 나라가 한목소리로 예수 그리스도의 주재권을 소리 높여 외칠 것이다. 그리스도의 승천은 성부께서 그분의 희생을 인정하고 온 우주를 그분의 통치 아래 복종하게 만드신 우주적인 대관식이었다.

예수님의 승천이 없었다면 그분은 지금 성부 하나님의 오른편에서 세상을 다스리지 못하실 것이다. 예수님이 자신의 사역을 완수하고 성부의 뜻에 죽기까지 복종하시자 성부께서는 자기 아들을 높여 모든 보좌 위에 뛰어난 보좌에 앉히셨다. 예수님이 "다 이루었다"(요 10:30)라고 선언하시자 성부께서는 그분을 죽은 자 가운데서 살려 다시 받아 주셨다. 이 진리는 예수 그리스도를 믿는 모든 신자에게 희망을 준다. 예수님의 승천과 높아지심과 대관식이 없었더라면 그분은 통치할 권한을 소유하지도, 만물을 자기와 화목하게 하지도 못하셨을 것이다(골 1:18-20). 간단히 말해, 그랬더라면 선포할 복음도 존재하지 않았을 것이다.

성령 강림

예수님은 승천하면서 제자들을 세상에 홀로 버려두지 않으셨다. 대신 모든 시대의 그리스도인들이 알고 의지해야 할 특별한 능력을 보장하셨다. 이 능력이 없으면 그리스도인들은 믿음을 지킬 수도 없고, 사탄을 대항할 수도 없고, 하나님의 자녀라는 신분을 확신할 수도 없다. 예수님은 승천을 통해 교회에 성령을 허락하셨다.

예수님은 자신이 곧 세상을 떠날 것이라고 말씀하면서 "그러나 내가 너희에게 실상을 말하노니 내가 떠나가는 것이 너희에게 유익이라 내가 떠나가지 아니하면 보혜사가 너희에게로 오시지 아니할 것이요"(요 16:7)라는 놀라운 말씀으로 그들을 위로하셨다. 또한 자신이 승천하지 않으면 제자들과 교회가 오히려 유익하지 못할 것이라는 말씀도 덧붙이셨다. 그분의 승천이 없으면 성령께서 오실 수 없었다. 참으로 신비로운 일이지만 예수님이 육체로 거하시는 것보다 성령이 내주하시는 게 훨씬 더 유익하다.

예수님은 제자들에게 성령 강림과 자신의 승천이 꼭 필요하다고 말씀하면서 이것이 제자들과 교회를 위한 영광스러운 전환점이 될 수 있는 이유를 세 가지 제시하셨다(요 16:13-14).

1. 진리의 성령이 오시면 그가 너희를 모든 진리 가운데로 인도하시리니

예수님이 승천하시면 성령께서 와서 진리를 증언하실 것이다. 예수님은 제자들이 혼란스러운 시대 속에서 극심한 박해와 신학적 어려움을 겪을 것을 아셨다. 성령께서는 그리스도의 진리로 교회를 인도하고 그들을 교리적인 오류의 위험으로부터 안전하게 보존하실 것이다.

2. 그가 … 장래 일을 너희에게 알리시리라

성령께서는 제자들을 진리로 인도할 뿐 아니라 교회를 위한 종말론적인 희망을 계시하실 것이다. 성경에 기록된 이 계시가 교회를 대대로 인도할 것이다. 그리스도의 마지막 승리가 이루어질 미래의 영광이 모든 신자에게 밝은 빛이 되어 비칠 것이다.

3. 그가 … 내 것을 가지고 너희에게 알리시겠음이라

성령께서는 그리스도의 사람들에게 그리스도의 말씀을 가르치실 것이다. 그분은 교회에 하나님의 직접적인 계시를 전하실 것이다. 그분이 그렇게 하시는 이유는 교회가 나그네와 같은 삶을 잘 보내고, 하늘의 도성에 안전하게 도착하게 하기 위해서다. 성령께서 그리스도의 일을 계시하지 않으시면 교회는 자신을 인도해줄 말씀도, 의지해야 할 가르침도, 희망을 주는 진리도 소유하지 못할 것이다. 교회는 성령으로부터 하나님의 감동으로 된 말씀을 받았기에 제자직에 관한 모든 것을 신자들에게 가르쳐줄 수 있다. 그리스도의 승천으로 교회는 하나님의 온전한 계시를 받게 되었는데, 이는 성령의 사역과 능력을 통한 것이다. 하나님의 계시는 성령의 영감으로 기록된 하나님의 말씀, 즉 성경의 형태로 교회에 주어진다.

이처럼 그리스도의 승천으로 인해 교회는 성령이라는 선물을 받았다. 예수님은 제자들에게 자신이 승천하지 않으면 성령께서 하나님의 백성을 위해 꼭 필요한 중대한 사역을 이루지 못할 것이라고 말씀하셨다. 오늘날의 그리스도인들은 그리스도의 승천과 성령의 사역이 서로 긴밀한 관계를 맺고 있다는 사실을 잊어서는 안 된다. 전자가 없으면 후자가 실현될 수 없고, 후자가 없으면 교회는 생존할 수 없었을 것이다. 그 점은 지금의 교회도 마찬가지다.

하늘에서 영원히 살게 될 하나님의 백성들

마지막으로 그리스도의 승천은 하나님의 백성이 하늘에서 영원히 살게 될 것을 보장한다. 예수님은 세상을 떠날 날이 가까워지자 큰 확신이 담긴 말씀으로 제자들을 위로하셨다(요 14:1-4). 그분은 "내 아버지 집에 거할 곳이 많도다 그렇지 않으면 너희에게 일렀으리라 내가 너희를 위하여 거처를 예비하러 가노니"(요 14:2)라며 자신이 떠나는 이유를 제자들에게 말씀하셨다. 예수님은 스스로 높아지기 위해서가 아니라 성령을 우리에게 보내주시기 위해, 또 믿음의 가족이 영원히 거할 곳을 예비하기 위해 승천하셨던 것이다.

그분은 죄를 회개하고 그리스도를 믿는 사람은 누구나 이 풍성한 축복에 참여해 천국의 시민이 될 것을 자신의 피로 보증하셨다. 신자들은 그리스도께서 계시하신 측량할 수 없는 은혜의 영광을 올바로 이해하지 못할 때가 많다. 그분은 하늘에 올라 하나님의 오른편에 앉으심으로써 천국에 대한 우리의 소망을 보장하셨다. 지금 하늘에서 이루어지는 그분의 통치는 신자들에게 그들의 시민권이 하늘에 있다는 사실을 상기시킨다.

예수님은 성부의 집에 "거할 곳"이 많다는 것에 초점을 맞추지 않으셨다. 오히려 그분은 자기와 자기 백성이 함께 나누게 될 복되고 영원한 교제를 강조하셨다. 예수님은 "내가 다시 와서 너희를 내게로 영접하여 나 있는 곳에 너희도 있게 하리라"(요 14:3)고 말씀하셨다. 예수님의 승천은 장차 올 세상에서 하나님과 친밀한 교제를 나누게 될 것을 보장한다. 이 진리는 예수 그리스도를 믿는 모든 사람들에게 무한한 위로를 준다. 바울은 "이는 너희가 죽었고 너희 생명이 그리스도와 함께 하나님 안에 감추어졌음이라"(골 3:3)고 말했다. 스스로의 죄를 알고 있지만 하나님의 큰 은혜를 발견한 사람이라면 누구나 이 말씀에서 무한한 친밀감을 느끼지 않을 수 없을 것이다. 장차 모든 곳에서 모여들 신자들은 그리스도의 백성으로서 하나님이 친히 예비하신 기업에 함께 참여하는 영광을 누리게 될 것이다.

승천의 신학

지금까지 그리스도의 승천과 하늘에서의 통치에 관한 성경의 가르침을 살펴보았다. 그리스도의 승천에 관심을 기울이는 그리스도인들이 매우 적은 이유는 승천의 신학과 그와 관련된 여러 가지 중요한 교리들에 관해 무지하기 때문이다. 사도신경에 언급된 승천의 교리는 기독교의 복음을 지탱하는 토대로서 기능한다. 승천의 교리가 없으면 현재의 확신이나 미래의 희망이 불가능하다. 간단히 말해 "하늘에 오르시어 전능하신 아버지 하나님 우편에 앉아 계시다가"라는 고백에는 그리스도에 대한 하나님의 옹호, 천국의 현실, 그리스도와의 연합과 같은 교리들이 포함되어 있다.

예수님에 대한 하나님의 옹호

예수님의 승천은 하나님이 그리스도께서 하신 일을 모두 인정하셨다는 증거다. 성부께서 성자를 다시 기쁘게 받아주신 이유는 그분이 성부의 명령을 온전히 이행하셨기 때문이다. "다 이루었다"라는 예수님의 말씀은 극심한 슬픔과 놀라운 승리를 동시에 나타낸다.

그 말씀이 슬픔을 나타내는 이유는 하나님의 아들이 십자가에 매달려 사악한 자들의 손에 살해되셨기 때문이다. 그분은 자기 백성들이 지은 죄 때문에 십자가에 매달리셔야 했다.

그러나 그와 동시에 "다 이루었다"라는 말씀은 죽음과 마귀에 대해 승리를 거두었고 하나님의 모든 약속이 그리스도를 통해 실현되었음을 알리는 선언이다. 예수님이 승천하신 후 성부께서는 그분을 자기 오른편에 앉혀 그분의 삶과 사역을 인정하셨다. 성부께서 예수님을 보내신 이유는 새 왕국을 건설하고 죄인들을 구원하시기 위함이다.

예수님은 세상에서 맨 처음 전한 설교에서 "때가 찼고 하나님의 나라가 가까이 왔으니 회개하고 복음을 믿으라"(막 1:15)고 말씀하셨다. 그분은 성육신을 통해 하나님 나라를 도래시키셨으며 그리스도의 승천은 이 새 왕국을 위한 영광스러운 순간이었다. 성육신하신 그리스도께서는 세상에 있는 동안 저주의 결과들을 없애기 시작하셨다. 맹인이 눈을 뜨고, 앉은뱅이가 걷고, 죽은 자가 살아났다. 또한 그분은 구약성경에 나타난 하나님의 약속들을 온전히 드러내고 그것들의 참된 의미를 가르치셨다. 서기관들과 바리새인들의 그릇된 해석과 전통을 성경의 가르침과 구분하셨던 것이다. 뿐만 아니라 예수님은 새 왕국을 건설하기 위해 오셨다. 그분의 통치는 모든 것을 새롭게 하는, 영원히 지속될 통치였다.

그리스도의 승천은 그런 새 왕국의 열매였다. 첫 열매는 열렸지만 아직 모든 것이 실현되지는 않았다. '시작된 종말론'(inaugurated eschatology)이라는 용어는 우리가 살고 있는 시대를 가리킨다. 교회는 하나님 나라와 관련해 '이미'와 '아직'의 시대를 살고 있다. 예수님의 사역과 그분의 승천으로 인해 하나님 나라의 영원한 통치가 시작되고 새 언약이 수립되었지만 이 새 왕국은 아직 온전히 실현되지 않았다.

'이미'와 '아직'의 시대에도 불구하고 그리스도께서는 승천을 통해 하늘의 보좌에 앉으심으로써 세상에서 보낸 삶을 모두 옹호받으셨다. 이 옹호는 세상에 새로운 시대(곧 새 창조가 시작되고, 타락으로 인한 저주가 없어지고, 그리스도께서 뱀의 머리를 으깨고 나서 온 우주를 통치하는 자리에 오르시는 시대)를 열었다. 이 새로운 왕국(그리고 예수 그리스도에 대한 하나님의 옹호)은 요한계시록 21장 3-4절이 현실이 될 때 온전히 이루어질 것이다. 그때가 되면 하나님은 우리와 함께 계실 것이다. 우리의 모든 눈물은 씻겨지고 사망과 애통과 고통이 사라지며 옛것이 새롭게 될 것이다.

예수님의 복종과 죽음과 부활을 통해 구원이 죄인들에게 임했다. 예수님은 "인자가 온 것은 잃어버린 자를 찾아 구원하려 함이니라"(눅 19:10)는 말씀으로 자기가 세상에 온 목적을 간단하게 요약하셨다. 하나님은 영원 전부터 예수 그리스도의 피로 죄인들을 구원할 계획을 세우셨다(엡 1:3-9). 십자가는 예수님에게 고통과 고난을 안겨주었지만 그리스도인들에게는 영원한 위로와 기쁨을 주었고 죄로부터의 구원을 보장했다.

그리스도께서 하늘에 오르시지 않았다면 그리스도인들은 여전히 죄 가운데 죽어 있을 것이다. 그리스도의 승천은 하나님이 그분의 사역을 인정하신다는 우레 같은 선언이었다. 교회가 죄 사함을 통해 위로를 얻을 수 있는 이유는 하나님이 그리스도를 죽은 자 가운데서 살려 하늘의 보좌 위에 앉히셨기 때문이다. 성부께서 성자를 옹호하셨고, 이 옹호로 인해 죄 사함이 보장되었다. 예수님의 승천은 구원 사역의 확실한 토대이자 완성이었다.

예수님은 왕국을 건설하고 백성을 속량하기 위해 세상에 오셨다. 이 두 가지 목적은 예수님의 승천과 어떤 관계를 맺고 있을까? 예수님의 승천은 왕국의 확실성과 그리스도의 희생적인 사역의 충족성을 선언한다. 그리스도의 승천은 성부께서 그리스도가 이루신 일들을 승인하신다는 증거였다. 그리스도께서 시작하신 나라는 영원히 사라지지 않을 것이다. 하나님이 세우고 작정하신 것은 결코 실패하지 않는다(민 23:19). 성부께서는 성자를 받아주심으로써 그분의 희생을 속죄의 대가로 인정하셨다. 십자가가 충족하다고 선언하셨다. 이것은 회개하고 복음을 믿는 죄인은 누구나 하나님의 자녀가 될 수 있다는 뜻이다.

천국의 현실

마가는 승천 기사에서 "주 예수께서 말씀을 마치신 후에 하늘로 올려지사 하나님 우편에 앉으시니라"(막 16:19)고 기록하면서 예수님이 승천하신 장소를 구체적으로 언급했다. 예수님의 승천은 천국(하나님과 천사들과 그분의 백성이 거하는 장소)의 실제적인 존재를 알려주는 또 하나의 증표다.

어떤 사람들은 천국(또는 내세)을 마음의 상태나 태도로 간주한다. 그러나 성경은 천국을 주관적인 언어가 아닌 객관적인 현실로 다룬다. 천국은 그리스도를 믿는 사람들이 언젠가 영원히 거하게 될 실제적인 장소로서 존재한다. 성경은 천국의 위치를 정확히 밝히지 않지만 방향을 나타내는 언어로 수차례 언급한다. "예수께서 말씀을 마치신 후에 하늘로 올려지사"(막 16:19), "하늘이 열리고 하나님의 성령이 비둘기 같이 내려"(마 3:16), "엘리야가 회오리 바람으로 하늘로 올라가더라"(왕하 2:11) 등이 그 예들이다.

천국은 하나님의 백성이 거하는 안식처다. 우리는 그곳에서 하나님과 얼굴을 마주하고 교제할 것이다. 하나님의 영광의 빛이 천국을 가득 채우고, 그리스도를 믿는 신자들은 그 모든 아름다움을 마음껏 누릴 것이다. 이런 사실은 세상에서 '이미'와 '아직'의 시대를 살아가는 그리스도인들에게 용기와 위로를 준다.

그리스도인들은 고난과 박해와 죄의 결과들을 경험하지만 확실한 소망을 가지고 인내할 수 있다. 신자들을 불러 "자기의 영원한 영광에 들어가게 하신 이"가 그들을 "온전하게 하시며 굳건하게 하시며 강하게 하시며 터를 견고하게 하실 것"이라는 약속을 믿고 안심할 수 있다(벧전 5:10). 천국이라 불리는 이 객관적인 장소에는 영원한 기업이 간직되어 있다. 장차 모든 그리스도인은 이곳에서 주님의 영광을 온전히 경험할 것이다.

그리스도와의 연합

마지막으로 예수님의 승천은 그분과의 연합을 더욱 깊이 이해할 수 있도록 도와준다. 그리스도인들은 믿는 순간에 영원히 사라지지 않을 구원의 은혜를 받는다. 신학자 웨인 그루뎀은 "우리는 그리스도 안에 있고, 그리스도께서는 우리 안에 계신다. 우리는 그리스도와 같고, 그분과 함께 거한다"라고 말했다.[1] 하나님이 보실 때 우리는 그리스도와 함께 장사되었고, 함께 살리심을 받았다(롬 6:5). 예수님의 죽음이 우

---

1) Grudem, *Systematic Theology*, 841 (4장 각주 4를 참조하라).

리의 죽음이 되었고, 그분의 부활이 우리의 부활이 되었으며, 그분의 기업이 우리의 기업이 되었다.

그리스도의 승천으로 우리와 그분의 연합이 지니는 무한한 영광이 밝히 드러났다. 예수님은 자신의 승천을 통해 우리가 자기와 함께 영원히 다스리게 될 것이라는 사실을 분명하게 보여주셨다. 바울은 그리스도인들의 통치가 가능한 이유는 우리가 그리스도와 연합한 덕분이라고 말했다.

> 긍휼이 풍성하신 하나님이 우리를 사랑하신 그 큰 사랑을 인하여 허물로 죽은 우리를 그리스도와 함께 살리셨고 (너희는 은혜로 구원을 받은 것이라) 또 함께 일으키사 그리스도 예수 안에서 함께 하늘에 앉히시니(엡 2:4-6).

하나님은 만물을 예수님의 권위 아래 두셨고, 우리는 그분과의 연합을 통해 그분과 함께 공동 상속자가 되었다(롬 8:17). 그리스도인들은 그리스도와 함께 다스린다. 그분의 재림 이후에는 그 통치가 온전히 이루어질 것이다.

그리스도인들은 물리적으로 주님과 함께 하늘에 있지는 않지만 현세에서도 그분과 더불어 다스린다. 하나님은 자기 아들을 받아들여 권위의 자리에 앉히셨다.

그루뎀은 그분과의 연합 덕분에 우리도 "하늘에 있는 악한 영들을 상대"(엡 6:12)하고 "견고한 진도 무너뜨리는 하나님의 능력"(고후 10:4)을 어느 정도 나누어 갖는다고 말했다.[2]

그러나 그리스도의 재림 이후에는 그분과 함께 다스리는 일이 온전히 이루어져 가장 찬란한 아름다움을 드러내게 될 것이다. 그때가 되면 그리스도인들은 "만국을 다스리는 권세"(계 2:26-27)와 "천사를 판단할"(고전 6:3) 권위를 지니게 될 것이다. 예수님은 라오디게아 교회에게 "이기는 그에게는 내가 내 보좌에 함께 앉게 하여 주기를 내가 이기고 아버지 보좌에 함께 앉은 것과 같이 하리라"(계 3:21)고 약속하셨다. 그리스도께서 승천해 하늘의 보좌에 앉으신 것처럼 장차 하나님의 백성도 그분과 연합한 덕분에 영광스러운 권위의 자리에 앉게 될 것이다.

그리스도의 승천이 오늘 우리에게?

그리스도의 승천과 하늘의 통치에 관한 성경적, 신학적 진리는 모든 그리스도인에게 감사와 예배의 정신을 일깨운다. 예수님의 승천은 복음과 그 약속에 지대한 영향을 미친다.

구원의 확실성

그리스도의 승천은 구원의 견고한 토대를 제공하고 그것을 확실하

---

[2] Grudem, 620.

게 보장한다. 예수님의 승천은 성부께서 그분의 사역을 기쁘게 받아들이셨다는 증거다. 성부께서는 예수님을 하늘에 오르게 함으로써 그분의 희생이 지니는 효력을 영원히 보장하셨고, 그분을 자기의 오른편에 앉게 함으로써 만물을 그분의 통치 아래 복종하게 하셨다. 그 어떤 피조물도 예수 그리스도의 통치에서 벗어날 수 없다.

예수님의 승천은 구원의 확신과 성도의 견인을 보장한다. 그리스도의 승천은 구원자이신 주님이 자신의 사역을 완수했고 지금도 계속 일을 하고 있으며 또 영원히 우주를 다스리실 것을 의미하기 때문에 우리 신자들은 이로 인해 안심할 수 있다.

담대하게 살 수 있는 근거

마지막으로 그리스도께서 하늘에 오르셨기 때문에 그리스도인들은 하나님의 영광을 위해 담대하게 살 수 있다. 성경은 "때를 따라 돕는 은혜를 얻기 위하여 은혜의 보좌 앞에 담대히 나아가라"(히 4:16)고 권고한다. 우리는 우리의 중보자요 대제사장이신 그리스도와 연합한 덕분에 성부 하나님께 곧장 나아갈 수 있다.

그리스도의 승천과 즉위가 그분과 우리의 연합을 보증한다. 예수님은 하늘의 법정에서 자기 백성을 위해 간구하신다(롬 8:34). 그분의 승천과 통치는 기독교적 영성에 담대함과 활기를 더해준다. 우리의 죗값을 치르신 분이 하늘의 보좌에 앉아 만물을 다스리시기 때문이다. 그분은 죽은 자 가운데서 살아나 하늘에 올라 만왕의 왕이요 만주의 주가 되셨다.

그리스도인들이 담대하게 살 수 있는 이유는 하나님이 그리스도 안에서 구원 사역을 온전히 이루고 섭리적인 돌봄을 통해 만물을 다스리시기 때문이다.

예수님은 승천하면서 제자들에게 약속과 사명을 부여하셨다. 즉 그분은 성령의 강림을 통해 우리가 진리를 깨달아 복종의 삶을 살게 될 것이라고 약속하셨을 뿐 아니라 "가서 모든 민족을 제자로 삼으라"고 명령하셨다(마 28:19). 예수님의 승천은 그런 일을 가능하게 만들었다.

그분의 승천이 없었다면 성령께서 강림하지 않으셨을 것이고, 그분이 하나님의 오른편에서 다스리지 않으신다면 그리스도인들은 막강한 사탄의 세력과 난관을 물리칠 수 없을 것이다. 그러나 그리스도께서는 승천하셨고 절대적인 권위로 다스리신다.

예수님의 사역은 승천을 통해 절정에 달했다. 그분의 승천은 성부께서 그리스도가 이룬 일을 모두 기쁘게 여기셨다는 증표다. 예수님의 승천으로 인해 하나님의 백성이 영원히 거할 거처가 마련되었고, 하나님과 그분의 백성이 함께 안식을 누릴 천국의 실체가 밝히 드러났다.

그리스도의 승천과 즉위는 복음의 모든 소망과 기대와 약속을 보장한다. 그런 현실을 보여주는 진리가 없다면 우리는 아무런 복음을 선포할 수 없을 것이다.

그러나 좋은 소식이 주어졌다! 그리스도께서 사망을 완전히 정복하고 승천하여 하늘의 보좌에 앉으시고 하나님 백성을 위해 새 왕국, 새 시대, 구원의 새 날을 시작하셨기 때문이다. 성부께로 올라가 그분의 오른편에 앉으신 그리스도께서는 자신의 교회를 향해 "가서 모든 민족을 제자로 삼아 아버지와 아들과 성령의 이름으로 세례를 베풀고 내가 너희에게 분부한 모든 것을 가르쳐 지키게 하라"고 명령하셨다. 또한 그분은 "볼지어다 내가 세상 끝날까지 너희와 항상 함께 있으리라"고 약속하셨다(마 28:19-20).

10장

나는 거기로부터 살아 있는 자와 죽은 자를 심판하러 오실 예수 그리스도를 믿습니다

인간은 이야기하는 동물이다. 우리는 어렸을 때부터 말하거나 들을 가치가 있는 이야기는 항상 시작과 중간과 결말이 있어야 한다고 생각했다. 어릴 적에 듣는 이야기는 대개 '옛날에'로 시작해서 '행복하게 잘 살았대요'로 끝난다. 우리는 이야기의 결말을 갈망한다.

우리는 과거와 현재와 미래라는 시간의 틀 속에서 살고 있기 때문에 우리의 삶은 항상 결말을 향해 나아가게 마련이다.

세계관의 차이와 상관없이 종말론(미래에 대한 신앙)은 모든 사람의 삶 속에서 중요한 역할을 한다. 사람은 누구나 미래에 대한 비전을 품고 그것에 근거해 삶을 살아간다.

종말론과 미래를 향한 인류의 갈망

비단 기독교만이 아니라 모든 세계관이 제각기 역사의 종말에 관해 말한다. 우주가 어떻게 끝날 것인지, 그 종말의 의미가 무엇인지를 논하기 위한 체계를 제시한다. 기독교는 서구 문명 속에서 다른 어떤 세계관보다 종말론적인 견해에 더 큰 영향을 미쳐왔다. 기독교의 종말론은 마지막 심판을 강조한다.

그러나 지난 두 세기 동안 서구 문명이 세속화되면서 기독교 종말론에 대항하는 새로운 종말론이 나타났다. 세속주의자들은 어떤 초자연적인 요소도 우주와 결부시키려 하지 않는다. 그들은 우주의 에너지가 비에너지로 소멸되어 모든 게 망각 속으로 사라지리라고 믿는다.

세속주의자들에게 가장 큰 문제는 종말이 있느냐 없느냐가 아니라 갑자기 한꺼번에 펑 하고 사라질 것이냐 아니면 천천히 꺼져갈 것이냐 하는 것이다. 즉 '존재에서 비존재로, 에너지에서 엔트로피 상태로 서서히 사라질 것이냐 아니면 큰 격변, 곧 우주가 처음 시작할 때 있었던 '빅뱅'과 같은 갑작스러운 결말을 맞게 될 것이냐?' 하는 문제다.

세계관과 상관없이 인간은 본능적으로 미래를 알고 싶어 하며 그것에 근거해 삶을 살아가려는 갈망을 느낀다. 우리는 과거를 회상하고 미래를 기대함으로써 현재를 이해한다.

살아가는 방식, 사랑하는 방식, 희망을 가질 수 있는 방식, 현재에 충실할 수 있는 방식을 알려면 미래에 대한 이해가 꼭 필요하다. 과거와 미래는 현재를 해석하기 위한 필수 요건이다. 성경은 창조에서 새 창조로 나아갈 것이라는 웅장한 종말을 예고한다. 기독교의 복음은 과거와 현재와 미래로 구성된 이야기를 통해 표현된다.

> 과거_ 우리의 죄 & 우리를 위해 하나님이 그리스도 안에서 그리스도를 통해 하신 일
> 현재_ 하나님이 그리스도 안에서 우리를 위해 이루신 일에 대한 우리의 반응
> 미래_ 담대한 소망을 갖고 하나님의 약속이 이루어지기를 기대하는 것

사도신경도 "거기로부터 살아 있는 자와 죽은 자를 심판하러 오십니다"라는 말로 미래의 일을 나타냈다. 지금까지 사도신경은 대부분 과거 시제로 말했다.

> 그는 성령으로 잉태되어 동정녀 마리아에게서 나시고
> 본디오 빌라도에게 고난을 받아
> 십자가에 못 박혀 죽으시고
> (죽은 자 가운데 계시다가)
> 장사된 지 사흘 만에 죽은 자 가운데서 다시 살아나셨으며
> 하늘에 오르시어

이 모든 것이 역사다. 복음의 그런 측면들은 모두 과거에 있었던 일이다. 하나님은 시간과 공간, 곧 역사 속에서 그리스도를 통해 그런 일들을 이루셨다.

그러고 나서 사도신경은 현재 시제를 사용해 그리스도께서 지금 우리를 위해 하고 계시는 일을 언급한다. 그분은 선지자요 제사장이요 왕으로, 곧 하나님 앞에서 우리의 중보자로서 다스리고 계신다. 그분은 "전능하신 아버지 하나님 우편에 앉아 계"신다.

이제 사도신경은 거기서 더 나아가 미래 시제를 사용하여 "거기로부터 살아 있는 자와 죽은 자를 심판하러 오십니다"라고 고백한다.

성경의 이야기는 종말론(하나님이 역사의 마지막에 인간들을 심판해 자신의 영광을 드러내실 사건)으로 완성된다. 창조와 타락과 구속을 거쳐 종국에 이르는데 하나님의 위대한 사역 가운데서 어느 한 단계라도 축소하거나 생략한다면 예수 그리스도의 복음을 통해 나타난 하나님의 온전한 영광을 올바로 이해하기 어렵다.

창세기 3장 이후, 우리의 마음과 영혼 속에는 하나님이 우리를 위해 미래에 준비해두신 일을 바라보려는 깊은 갈망이 존재하게 되었다. 이스라엘이 메시아를 고대했던 것처럼 모든 인간은 현세의 고통에서 자유롭게 되기를 갈망한다.

이 갈망은 오직 그리스도를 믿는 믿음과 영광스럽게 건설되는 그분의 왕국을 통해서만 비로소 실현될 수 있다. 우리는 우리의 구원이 완성되기를 갈망한다(요 10:28). 그리스도께서는 "많은 사람의 죄를 담당하시려고" 왔고 "죄와 상관 없이 자기를 바라는 자들에게 두 번째 나타나"실 것이다"(히 9:28).

그리스도인들은 그리스도께 소망만 둔 채 이전의 무지에 이끌려 살아가지 않는다. "예수 그리스도께서 나타나실 때에 너희에게 가져다주실 은혜를 온전히 바랄지어다"(벧전 1:13)라는 진지한 소망을 권고받았기에 그리스도를 신뢰하는 믿음과 큰 기대감으로 삶을 살아간다.

심판

예수님은 복된 소망과 다가올 심판을 기억하라고 가르치셨다.

무화과나무의 비유를 배우라 그 가지가 연하여지고 잎사귀를 내면 여름이 가까운 줄을 아나니 이와 같이 너희도 이 모든 일을 보거든 인자가 가까이 곧 문 앞에 이른 줄 알라 내가 진실로 너희에게 말하노니 이 세대가 지나가기 전에 이 일이 다 일어나리라 천지는 없어질지언정 내 말은 없어지지 아니하리라 그러나 그 날과 그 때는 아무도 모르나니 하늘의 천사들도, 아들도 모르고 오직 아버지만 아시느니라 노아의 때와 같이 인자의 임함도 그러하리라 홍수 전에 노아가 방주에 들어가던 날까지 사람들이 먹고 마시고 장가들고 시집가고 있으면서 홍수가 나서 그들을 다 멸하기까지 깨닫지 못하였으니 인자의 임함도 이와 같으리라 그 때에 두 사람이 밭에 있으매 한 사람은 데려가고 한 사람은 버려둠을 당할 것이요 두 여자가 맷돌질을 하고 있으매 한 사람은 데려가고 한 사람은 버려둠을 당할 것이니라 그러므로 깨어 있으라 어느 날에 너희 주가 임할는지 너희가 알지 못함이니라(마 24:32-42).

예수님은 계속해서 또 이렇게 말씀하셨다.

인자가 자기 영광으로 모든 천사와 함께 올 때에 자기 영광의 보좌에 앉으리니 모든 민족을 그 앞에 모으고 각각 구분하기를 목자가 양과 염소를 구분하는 것 같이 하여 양은 그 오른편에 염소는 왼편에 두리라 그 때에 임금이 그 오른편에 있는 자들에게 이르시되 내 아버지께 복 받을 자들이여 나아와 창세로부터 너희를 위하여 예비된 나라를 상속받으라 (마 25:31-34).

나중에 같은 장에서 예수님은 "또 왼편에 있는 자들에게 이르시되 저주를 받은 자들아 나를 떠나 마귀와 그 사자들을 위하여 예비된 영원한 불에 들어가라"(마 25:41)는 말씀으로 심판을 경고하셨다.
 이 성경 본문들은 그리스도께서 죄인들을 심판하기 위해 재림하실 것이라고 말씀한다. 이것이 사도신경 안에 "거기로부터 살아 있는 자와 죽은 자를 심판하러 오십니다"라는 고백이 있는 이유다. 그리스도께서는 심판하기 위해 다시 오실 것이다.
 예수님은 처음에는 구원자와 구속자로서 오셨다. 성령으로 잉태되어 동정녀 마리아에게 나신 그분은 강보에 싸여 구유에 누워 있는 사랑스러운 아기의 모습으로 오셨지만 세상은 그분을 메시아로 알아보지 못했다. 근처에 있던 비천한 목자들만이 그분을 경배할 수 있었다.

그리스도께서는 이처럼 겸손하게 오셨지만 하나님의 오른편에 앉아 있다가 다시 오실 때, 즉 십자가에 못 박혀 죽었다가 부활, 승천하고 심판자로 다시 세상에 오실 때에는 모든 무릎이 그 앞에 엎드리고, 모든 입이 그분을 주님으로 고백하게 될 것이다.

그리스도는 인간들에게 부당한 재판을 받으셨지만 이 땅에 다시 와서는 의로운 재판을 베푸실 것이다. 심판을 당했던 분이 심판자가 되실 것이다. 이는 하나님이 자기 아들을 옹호하시는 일 가운데 하나다.

성경은 하나님의 심판의 보좌에 대해 말하면서 그날을 "여호와의 크고 두려운 날"(욜 2:31)로 일컫는다. 예수님은 심판의 대행자이시다. 요한복음 5장 22절은 "아버지께서 아무도 심판하지 아니하시고 심판을 다 아들에게 맡기셨으니"라고 말씀한다. 바울은 아덴 사람들에게 "이는 정하신 사람으로 하여금 천하를 공의로 심판할 날을 작정하시고 이에 그를 죽은 자 가운데서 다시 살리신 것으로 모든 사람에게 믿을 만한 증거를 주셨음이니라"(행 17:31)고 말했다.

바울은 또한 주 예수 그리스도를 "의로우신 재판장"(딤후 4:8)으로 일컬었고 "우리가 다 반드시 그리스도의 심판대 앞에 나타나게" 될 것이라고 말했다(고후 5:10). 성경의 증언은 확실하며 일관되다. 그리스도께서는 모든 인간을 심판하기 위해 오실 것이며 그분의 심판은 어느 누구도 피할 수 없다.

성부께서 성자를 기뻐하시는 이유는 신성의 충만함이 그분 안에 거할 뿐 아니라 그 충만함이 역사의 마지막 때에 성부의 계획 안에서 성자의 심판을 통해 밝히 드러날 것이기 때문이다. 그리스도인들은 약속의 때, 곧 예수 그리스도께서 하나님의 나라를 완성하실 때를 기대하며 살아간다.

십대 시절 교회 청소년부에 다닐 때 "주님이 재림하실 때 무슨 일을 하고 있을 것 같은가?"라는 질문을 종종 듣곤 했다. 대답할 말을 찾기가 쉽지 않았지만 디즈니랜드에서 놀고 있을 때 그런 일이 일어나지는 말았으면 하고 생각했던 기억이 난다.

물론 디즈니랜드에 가는 것이 죄는 아니다. 그러나 나는 예수님이 우주를 심판하기 위해 영광의 왕으로 재림하시는 순간, 미키마우스와 함께 사진을 찍거나 아기 코끼리 덤보를 타고 있기를 원치 않았다. 누군가에게 복음을 전하고 있는 순간 그분을 맞이하고 싶었다. 가장 중요한 문제는 주님이 재림하실 때 '우리가 어디에 있고 무엇을 하느냐'가 아니라 '주님께 속한 사람으로서 얼마나 충실한 믿음으로 성장해 있느냐' 하는 것이다.

우리는 그리스도께서 언제 오실지 모르지만 그분이 어떻게 오실지는 안다. 그분은 찬란한 모습으로 영광스럽게 오실 것이다. 이사야는 주께서 '높이 들린 보좌에 앉으시고 그분의 옷자락이 성전에 가득한' 광경을 목격했다(사 6:1).

예수님이 재림하실 때에도 하나님의 영광은 온 땅에 가득할 것이다.

수평선 한쪽 끝에서 또 다른 끝까지, 해 지는 곳에서 해 뜨는 곳까지 온 우주에 창조와 구속과 심판의 대행자이신 성자 하나님의 영광이 홀연히 나타날 것이다.

그리스도께서는 영광과 권능과 위엄으로 임하실 것이다. 그분은 육체로 오실 것이다. 육체가 없는 재판관의 모습이 아니라 부활의 몸을 입고 와서 우리의 죄를 속량하기 위해 고난받으셨던 증거를 보여주실 것이다. 성경이 분명하게 가르치는 대로, 그때에는 심판이 이르렀다는 사실을 모를 자가 단 한 사람도 없을 것이다(마 16:27).

요한은 "또 내가 하늘이 열린 것을 보니 보라 백마와 그것을 탄 자가 있으니 그 이름은 충신과 진실이라 그가 공의로 심판하며 싸우더라"(계 19:11)고 말하면서 영적 전쟁이 종료되는 장면을 묘사했다.

> 그 눈은 불꽃 같고 그 머리에는 많은 관들이 있고 또 이름 쓴 것 하나가 있으니 자기밖에 아는 자가 없고 또 그가 피 뿌린 옷을 입었는데 그 이름은 하나님의 말씀이라 칭하더라 하늘에 있는 군대들이 희고 깨끗한 세마포 옷을 입고 백마를 타고 그를 따르더라 그의 입에서 예리한 검이 나오니 그것으로 만국을 치겠고 친히 그들을 철장으로 다스리며 또 친히 하나님 곧 전능하신 이의 맹렬한 진노의 포도주 틀을 밟겠고 그 옷과 그 다리에 이름을 쓴 것이 있으니 만왕의 왕이요 만주의 주라 하였더라 또 내가 보니 한 천사가 태양 안에 서서 공중에 나는 모든 새를 향하여 큰 음성으로 외쳐 이르되 와서 하나님의 큰 잔치에 모여 왕들의 살과 장

군들의 살과 장사들의 살과 말들과 그것을 탄 자들의 살과 자유인들이나 종들이나 작은 자나 큰 자나 모든 자의 살을 먹으라 하더라 또 내가 보매 그 짐승과 땅의 임금들과 그들의 군대들이 모여 그 말 탄 자와 그의 군대와 더불어 전쟁을 일으키다가(계 19:12-19).

그리스도인들은 왕이 곧 오시리라는 사실을 믿고 안심할 수 있다. 성경은 원수들을 징벌할 왕이 오실 것을 생생한 표현으로 예고한다.

예수님에 대한 이런 묘사는 주일학교에서 배워왔던 그분의 전형적인 모습과는 사뭇 다르다. 성령께서는 생생하고 견고한 표현들을 사용해 그리스도의 위엄을 묘사하셨다. 왕은 자신의 교회를 주재하고, 선택받은 백성들에게 마지막 위로와 축복을 베풀고, 자기 백성을 이 악한 시대에서 구원하고, 인간들을 모두 심판하기 위해 오실 것이다.

성경은 그리스도께서 마지막 날에 양과 염소를 분리하실 것이라고 말한다. 그리스도의 양들은 천국에서 영원한 축복을 누리고, 염소들은 지옥에서 영원한 고통을 당할 것이다.

우리는 지옥의 형벌을 가볍게 여기는 시대에 살고 있다. 심지어 복음주의자들 가운데도 지옥에 관한 성경의 가르침을 축소하려고 애쓰는 사람들이 있다. 그들은 지옥을 가리켜 영원한 고통의 장소가 아니라 단지 존재가 소멸되는 곳이라고 생각한다. 그러나 그런 생각은 성경의 가르침에 부합하지 않다.

어느 저명한 신학자는 지옥은 존재하지만 그곳에 있는 사람들은 더 이상 참된 인간이 될 수 없도록 인간성만 제거될 뿐이라고 말했다.[1] 기발한 생각이지만 성경의 가르침과는 거리가 멀다.

보편구원론은 아무도 지옥에 가지 않는다는 신념을 의미한다. 자유주의 신학자들은 지옥을 현재 겪고 있는 빈곤이나 고난이나 실존적인 두려움으로 세속화하여 말하려고 애쓴다. 그러나 성경은 지옥을 가리켜 뚜렷한 의식을 가지고 영원히 고통을 느끼는 장소라고 분명하게 가르친다.

하나님의 긍휼과 거룩이 우주적으로 드러날 날이 올 것이다. 앤서니 호크마는 "심판이 필요한 이유는 심판받는 자들의 궁극적인 운명에 무슨 문제가 있어서가 아니다. 그들의 운명은 이미 정해진 사실이다"라고 옳게 말했다.[2]

예수님도 "그를 믿는 자는 심판을 받지 아니하는 것이요 믿지 아니하는 자는 하나님의 독생자의 이름을 믿지 아니하므로 벌써 심판을 받은 것이니라"(요 3:18)는 말씀으로 그 점을 분명하게 밝히셨다.

성자를 거부한 사람들은 이미 심판받았다. 그들에게 이미 심판은 선언되었다. 그렇다면 장차 크고 두려운 주님의 심판이 필요한 이유는 무엇일까?

첫째, 이 심판은 하나님의 주권과 영광을 우주적으로 드러낼 것이

---

[1] N. T. Wright, *Surprised by Hope: Rethinking Heaven, The Resurrection, and the Mission of the Church* (New York: HarperOne, 2008), 180-85.

[2] Anthony Hoekema, *The Bible and the Future* (Grand Rapids: Eerdmans, 1979), 253-54.

다. 과거와 현재와 미래의 모든 인간이 성자의 심판을 통해 드러난 하나님의 영광을 직접 목격하게 될 것이다.

둘째, 이 심판이 필요한 이유는 성경이 분명하게 가르치는 대로 하나님이 그리스도를 통해 심판을 베풀어 구원받은 자들에게는 축복을, 믿지 않는 자들에게는 형벌을 내리시기 위해서다.

셋째, 심판이 필요한 이유는 개인적인 심판이 필요하기 때문이다. 이것은 집단이나 민족에 대한 심판이 아니라 개개인에 대한 심판이다. 각 사람에게 판결이 선고될 것이다. 그리스도 안에 있는 사람들은 그분의 의를 전가받은 덕분에 구원과 영생의 판결을 받게 될 것이고, 그리스도 밖에 있는 사람들은 정죄의 판결을 받게 될 것이다.

완전한 정의

인간의 정의는 항상 한계가 있다. 이 점은 앞으로도 마찬가지일 것이다. 사법 체계는 범죄자를 감옥에 가둘 수 있고 심지어 사형에 처할 수도 있지만 진정한 의미에서 상황을 바로잡기란 불가능하다.

의와 정의를 확립할 수 있는 완전한 심판이 이루어지려면 악인을 처벌하는 데 그치지 않고, 살해당한 사람들을 다시 살려내고 절망한 사람들에게 희망을 되찾아주어야 한다.

죄를 심각하게 생각하는 그리스도인들만이 이런 완전한 정의를 갈망하는 것이 아니다. 그것은 모든 피조물의 간절한 바람이다. 고통을 당할 때마다 심판의 필요성과 참된 정의의 실현을 바라는 갈망이 솟

구친다. 성경은 참된 정의가 실현될 것이라고 말씀한다. 이 위대한 희망을 망각한 그리스도인들이 너무나도 많다.

그리스도의 심판은 심판받는 자들 모두(그리스도를 통해 의롭다고 선언받은 사람들이나 그렇지 못한 사람들 모두)가 심판의 의로움을 기꺼이 인정할 수밖에 없을 만큼 완전할 것이다. 지옥에 가는 사람들도 그 판결의 정당함을 분명하게 알 것이고, 그리스도의 대속으로 천국에 가는 사람들도 그러기는 마찬가지일 것이다.

완전한 정의는 이중적인 결과를 가져올 것이다. 즉, 죄를 지은 사람들은 죄에 상응하는 징벌을 받게 될 것이고, 불의를 당하신 성자께서는 자신의 영광을 받으실 것이다. 또한 이 심판을 통해 하나님의 진노가 나타날 것이다.

하나님의 진노를 정직하게 말하기를 꺼린다면 그분의 사랑도 정직하게 말할 수 없다. 하나님의 진노는 자제력을 잃은 분노와는 거리가 멀다. 그것은 불의한 분노가 아니다. 완전한 의를 거스른 반역 행위에 대해 거룩하신 하나님이 마땅히 취하실 수밖에 없는 가장 적절하고 자연스러운 반응이다. 천국과 지옥이 모두 하나님의 완전한 심판을 증언할 것이다.

이런 진리들은 우리로 하여금 또다시 복음을 바라보게 만든다. 왜냐하면 스스로의 힘으로 이 심판에서 살아남을 수 있는 죄인은 아무도 없기 때문이다. 유일한 생존 수단, 곧 죄 사함과 구원을 받을 수 있는 유일한 길은 우리의 옹호자요 재판관이신 그리스도의 희생뿐이다.

그리스도인들은 긴박감을 가지고 살아야 한다. 왜냐하면 하나님이 현세대 사람들을 악한 자의 손에서 구원하기 위해 우리를 도구로 사용하시기 때문이다. 종말의 현실은 '긴급한' 복음 전파의 필요성을 일깨워준다.

미래에 대한 우리의 이해는 현재의 행위에 영향을 미친다. 선교와 복음 전도는 종말론적인 활동이다. 그리스도의 재림을 의식하면 복음 사역에 더욱 열심히 매진할 수 있다.

'미래'에 성취될 일이 그리스도 안에서 '현재'로 실현되었던 것처럼, '미래'에 완결된 성도 개개인의 구원도 '현재'에 이루어지고 있다. 유죄 판결을 받아 지옥에 가야 할 우리는 무죄 판결을 받았는데 이는 우리가 실제로 결백해서가 아니라 주 예수 그리스도의 보혈로 우리의 죄가 깨끗하게 되었기 때문이다.

그리스도께서 "거기로부터 살아 있는 자와 죽은 자를 심판하러" 오신다는 사실은 이 세상에서 최상의 삶을 살 수도 없고 또 그런 삶을 기대해서도 안 된다는 의미를 지닌다. 현세에서 최상의 삶을 누리는 사람들은 내세에서 지금과 사뭇 다른 삶을 살게 될 가능성이 높다. 우리는 찬양하고, 성경을 읽고, 다가올 왕국을 그리며 복음을 전파한다. 우리가 안심하며 먹고, 마시고, 섬기고, 잠을 잘 수 있는 이유는 우리에게 미래가 있음을 확신하기 때문이다. 그 미래는 바로 예수 그리스도이시다. 우리는 그분 안에서 안전하다.

3부

성령과 교회와 나의 미래에 대한 고백

11장

나는 성령을 믿습니다

지상명령은 그리스도인들이 가장 잘 알고 있는 성경 본문 가운데 하나일 것이다. 예수님은 제자들에게 "하늘과 땅의 모든 권세를 내게 주셨으니 그러므로 너희는 가서 모든 민족을 제자로 삼아 아버지와 아들과 성령의 이름으로 세례를 베풀고 내가 너희에게 분부한 모든 것을 가르쳐 지키게 하라 볼지어다 내가 세상 끝날까지 너희와 항상 함께 있으리라"(마 28:18-20)고 말씀하셨다.

기독교 세례의 삼위일체적인 형식(성부와 성자와 성령의 이름으로 세례를 베푸는 것)은 성삼위 하나님에 대한 가장 명확한 성경적 증언 중 하나다.

삼위일체는 이해하기 어려운 교리다. 그 의미를 온전히 이해할 수 있는 신자는 아무도 없고, 또 그것을 부인할 수 있는 신자도 아무도 없다. 마태복음 28장 18-20절 말씀은 삼위일체가 진리라는 사실을 이해하도록 도와준다. 유일하고 참된 하나님을 안다는 것은 곧 성부와 성자와 성령을 안다는 것이다. 참된 기독교가 존재하는 곳에는 항상 삼위일체 교리가 존재한다.

삼위일체 교리를 이해하는 방법 가운데 하나는 하나님은 한 분이지만 성부와 성자와 성령이라는 세 위격으로 존재하신다는 사실을 설명하고 확증하기 위해 교리가 생겨났다는 점을 기억하는 것이다.

유일신론은 기독교의 기본으로, 신구약 성경에 계시된 하나님을 근거로 한다. 이스라엘의 신앙에서 가장 중심적인 위치를 차지했던 쉐마는 "이스라엘아 들으라 우리 하나님 여호와는 오직 유일한 여호와이시니"(신 6:4)라고 선언한다.

이보다 더 명확한 말씀은 없다. 성경 전체가 하나님은 한 분이라고 증언한다. 그리고 동시에 "성부는 하나님이시다, 성자는 하나님이시다, 성령은 하나님이시다"라는 명제들을 계시하고 확증한다. 삼위일체 교리는 이 계시된 진리들을 한데 묶어 혼란 없이 일관되게 진술하려는 교회의 충실한 노력의 산물이다.

다시 지상명령을 떠올리면 이 기독교적 진리가 분명하게 드러난다. 심지어 세례도 성부와 성자와 성령의 이름으로 베풀라고 명령되었다. 기독교 신앙이 잘 담겨 있는 소중한 찬송가 〈거룩 거룩 거룩 전능하신 주님〉에도 '성삼위일체 우리 주'라는 표현이 들어 있다.

나는 14살에 처음으로 진지한 신학적 논쟁을 벌인 적이 있다. 학교 친구 중 하나가 성령의 은사를 말하면서 교회의 정통성과 나의 신학을 의문시했던 것이다. 당시 그는 미국의 종교계에서 다시 유행하고 있던 은사 운동에 심취한 상태였다.

나는 그와 논쟁을 벌이다가 막상 내가 성령에 관해 아는 바가 많지 않다는 사실을 깨닫고 큰 당혹감을 느꼈다. 나중에 알고 보니 나만 그런 것이 아니었다.

많은 그리스도인들이 삼위일체의 세 번째 위격인 성령에 대해 잘 알지 못하면서도 아무렇지 않게 생각하곤 한다. "성령을 믿으며"라고 고백할 때 우리는 예수 그리스도께서 가르치신 대로 믿어야 한다. 이 신조의 문구는 단 두 마디뿐이다. 그러나 이 두 마디의 고백은 하나님의 신비를 드러낼 뿐 아니라 신자들이 항상 성령을 의존하며 살아가는 존재임을 일깨워준다.

사도신경에 이 영광스러운 사실이 포함되어 있음에도 성령의 교리, 곧 신학자들이 성령론이라 일컫는 교리를 충분히 알고 있는 신자는 매우 드물다. 일부 복음주의 진영에서는 성령을 신학적 관심의 영역 밖으로 밀어냄으로써 극도로 빈약한 성령론에 만족하며 삼위일체 하나님 가운데 세 번째 위격인 그분과 불충분한 관계를 맺는 데 머물러 버린다.

예수님은 "그러나 내가 너희에게 실상을 말하노니 내가 떠나가는 것이 너희에게 유익이라 내가 떠나가지 아니하면 보혜사가 너희에게로 오시지 아니할 것이요 가면 내가 그를 너희에게로 보내리니"(요 16:7)라고 말씀하셨다. 예수님은 제자들과 우리 모두에게 자신이 육체로 이 땅에 머무는 것보다 성령이 오시는 게 더 낫다고 말씀하셨다.

참으로 놀랍기 그지없는 말씀이지만 신자들은 성령과 그분의 사역에 대해 얼마나 자주 생각할까? 과연 우리는 요한복음 16장에 기록된 예수님의 말씀을 실제로 믿고 있기나 하는 것일까?

성령에 대한 침묵은 우리의 믿음이 잘못되었음을 보여줄 뿐 아니라 우리의 예배를 냉랭하게 하고, 교회를 무기력화하며, 복음의 아름다움을 퇴색시키고, 삼위일체의 영광스러운 신비를 보지 못하게 한다.

아마 성령에 대해 침묵하는 이유는 성령의 교리를 잘못 이해하고 적용하기 때문일 것이다. 끝없는 논쟁과 논란으로 기독교 영성이 공격을 당해왔기에 성령론을 논하는 것 자체를 아예 회피하게 된 것이다.

그러나 성령에 관한 진리를 포기하면 우리의 영성은 파괴되고 성령에 관한 그릇된 개념들만 난무하게 될 것이다. 우리는 성경을 끈기 있게 연구함으로써 "성령을 믿으며"라는 짧은 고백 안에 담겨 있는 아름다운 진리를 밝혀내야 한다.

성령의 사역_거함, 가르침, 증언, 진리 말씀

예수님은 고난을 맞이할 준비를 하며 제자들에게 위로의 말로 작별을 고하셨다. 그분은 제자들이 스승인 자기와 더 이상 함께 있지 못하게 될 현실을 깨달을 때 영혼의 깊은 고통과 슬픔을 느끼게 될 것을 아셨다. 그런 이유로 예수님은 요한복음 14-16장 말씀을 통해 성령이라는 더할 나위 없이 기쁜 선물과 그분의 사역 및 역할, 성령 강림의 필요성을 상세하게 설명하셨다. 예수님은 성령을 거하시는 분, 가르치시는 분, 증언하시는 분, 진리를 말씀하시는 분으로 묘사하셨다.

거하시는 분

내가 아버지께 구하겠으니 그가 또 다른 보혜사를 너희에게 주사 영원토록 너희와 함께 있게 하리니 그는 진리의 영이라 세상은 능히 그를 받지 못하나니 이는 그를 보지도 못하고 알지도 못함이라 그러나 너희는 그를 아나니 그는 너희와 함께 거하심이요 또 너희 속에 계시겠음이라 (요 14:16-17).

예수님의 고별사를 듣고 있는 제자들의 마음과 생각 속에는 두려움과 공포가 물밀 듯이 밀려들었을 것이 분명하다. 그들은 예수님을 따랐고, 사랑했고, 그분 안에서 자신의 목적을 발견했다.

베드로는 "주여 영생의 말씀이 주께 있사오니 우리가 누구에게로 가오리이까"(요 6:68)라고 말했다. 그들은 하나님이 없으면 아무런 희망도, 생명도 없다는 것을 알았다. 하나님이 없으면 무기력하게 죽어 있는 상태나 다름없다는 것을 알았다. 예수님 없이 홀로 남아야 한다는 두려움이 제자들의 마음을 극도로 불안하게 만들었다.

그러나 예수님은 그들을 고아처럼 버려두지 않겠다고 약속하셨다. 제자들에게 하신 그분의 약속은 우리에게도 똑같이 적용된다. 예수님은 성령께서 오실 것이라는 영원한 위로의 말씀을 하셨다. 또한 성령께서 오실 뿐 아니라 제자들과 함께 계시고 더 나아가 그들 안에 거하실 것이라고 말씀하셨다.

예수님은 하나님의 백성과 성령이 신비하고 불가해한 연합을 이루게 될 것이라고 말씀하셨는데, 이러한 신자와 성령의 친밀한 관계는 '거한다'라는 신성한 용어로 표현되었다. 삼위일체 하나님의 세 번째 위격인 성령께서는 믿음으로 예수 그리스도에게 속한 모든 사람 안에 거하신다.

우리 안에 거하시는 성령의 사역으로 인해 모든 희망이 되살아나고, 우리는 믿음의 확실한 토대 위에 굳게 설 수 있다. 원수의 공격을 받더라도 우리 안에 거하시는 성령으로 말미암아 원수를 능히 이길 수 있다. 성령께서 우리 안에 거하시기에 하나님은 '우리 가운데' 그리고 '우리 안에' 온전히 임재하신다.

교회가 생존하고 복음이 세상 끝까지 전파되는 것도 모두 성령 때문이다. 우리가 성경을 사람의 말이 아닌 계시된 하나님의 말씀으로 들을 수 있는 것도 성령께서 우리 안에 거하시기 때문이다. 성령께서 우리 안에 거하시기 때문에 우리는 생명을 소유할 수 있다.

예수님은 성령께서 영원히 거하실 것이라고 약속하셨다. 성령께서는 어려운 때에만 오시지 않는다. 성령께서는 우리가 죄와 더불어 싸울 때 우리를 버려두고 떠나지 않으신다. 그분의 거하심은 우리의 노력이나 복종에 달려 있지 않다. 그분이 우리 안에 거하시는 이유는 하나님의 무한한 은혜와 사랑 때문이다.

가르치시는 분

보혜사 곧 아버지께서 내 이름으로 보내실 성령 그가 너희에게 모든 것을 가르치고 내가 너희에게 말한 모든 것을 생각나게 하리라(요 14:26).

제자들은 예수님이 떠나실 것을 알고는 사랑하는 스승을 잃는 고통을 분명 느꼈을 것이다. 예수님은 단지 하나님의 말씀을 가르치는 데 그치지 않고 친히 말씀의 주님이 되어 다스리셨다. 그분의 가르침에는 권위가 있었다(마 7:29).

귀신이 쫓겨나고, 죽은 자가 일어났으며, 이미 임했지만 장차 완성될 하나님의 나라가 선포되고, 성경의 참된 영광이 계시되었다. 베드로가 고백한 대로 예수님의 입에서 나온 말씀은 생명의 말씀이었다.

예수님은 성부 하나님과 함께 있기 위해 세상을 떠나면서 제자들에게 성령, 곧 그들 안에 거할 뿐 아니라 그들을 가르칠 분이 올 것이라고 약속하셨다. 그 성령께서 그리스도를 믿는 모든 사람에게 임하여 모든 것을 가르치고 영감으로 기록된 하나님의 말씀을 생각나게 하실 것이기에, 자기가 떠나도 여전히 자신의 가르침을 듣게 될 것이라고 말씀하셨다. 예수님은 자신의 가르침이 하나님의 백성 안에 거하시는 성령의 권능과 사역을 통해 계속될 것이라고 약속하셨다.

성령의 '가르치시는 사역'은 우리에게 큰 위로를 주며, 성경을 대하는 우리의 태도를 변화시킨다. 겸손한 기도로 성령의 인도와 가르침과 깨우침을 구하면서 하나님의 말씀을 읽고 있는가? 그리스도께서 우리에게 선포하신 영광스러운 진리, 곧 우리 안에 거하시는 성령께서 하나님의 일을 가르쳐주실 것이라는 사실을 믿고 있는가?

성령께서는 말씀과 말씀 선포를 통해 하나님의 백성들을 가르치신다. 이는 성령께서 우리를 하나님의 백성으로 가르치기 위해 언약 공동체 안으로 불러모으신다는 뜻이다. 개인적으로 말씀을 읽을 때도 우리는 성령의 가르침과 인도를 구해야 한다. 또한 그분이 교회를 가르치시도록 기도해야 한다.

그분은 말씀 사역을 통해 하나님의 모든 백성을 가르치신다. 성령이 없다면 우리는 하나님을 이해하는 데 실패할 것이고 교회 자체도 거짓 가르침에 의해 무너질 것이다. 성령께서는 가르치는 사역을 통해 성도 개개인을 보호할 뿐 아니라 그리스도의 몸의 교리적 순결성을 지켜주신다.

성경 자체가 성령의 선물이다. 성경의 모든 말씀이 하나님의 영감으로 기록되었기 때문이다. 베드로는 성경이 성령의 감동으로 기록된 하나님의 말씀임을 분명하게 드러내고 있다.

예언은 언제든지 사람의 뜻으로 낸 것이 아니요 오직 성령의 감동하심을 받은 사람들이 하나님께 받아 말한 것임이라(벧후 1:21).

성경은 성령의 감동으로 기록되었기에 우리는 거룩한 성경을 허락하신 성령께 성경을 읽고 이해할 수 있게 도와달라고 구할 수 있다. 성경이 살아 있는 말씀인 이유는 곧 하나님의 말씀이기 때문이다(히 4:12). 우리에게 성경을 주신 성령께서는 우리의 눈을 열어 그것을 보게 하시고 우리의 마음을 열어 하나님의 말씀을 믿게 하신다. 선포된 말씀에 능력을 주어 그 말씀이 헛되이 돌아오지 않게 하신다(사 55:11).

증언하시는 분

내가 아버지께로부터 너희에게 보낼 보혜사 곧 아버지께로부터 나오시는 진리의 성령이 오실 때에 그가 나를 증언하실 것이요 너희도 처음부터 나와 함께 있었으므로 증언하느니라(요 15:26-27).

이 말씀은 참으로 신비롭기 그지없다. 예수님은 여기에서 삼위일체 안에 있는 권위의 순서를 암시하셨다. 물론 권위의 순서는 삼위일체 안에서 신성과 능력의 위계질서가 존재한다는 의미는 결코 아니다. 삼위일체의 각 위격은 신성과 능력과 본질이 같으시다. 모두 참 하나님에게서 나온 참 하나님이시다.

그러나 성경은 우리에게 삼위일체 하나님의 신비를 가르친다. 이것은 그리스도 안에 있는 모든 사람이 영원히 기뻐할 지극히 경이로운 신비다. 요한복음 15장 26-27절 말씀에 따르면 성령께서는 자기 자신이 아니라 그리스도에 대해 증언하신다.

이 본질적인 진리는 성부, 성자와 관련된 표현이 성령에는 동일하게 적용되지 않는 이유를 설명해준다. 성령께서는 그리스도의 인격과 사역을 증언하기 위해 오셨다. 따라서 성령께서는 성자를 높이고 그분의 갈보리 사역을 증언하신다.

이는 전 세계 교회들이 현실 점검의 지표로 삼아야 할 중요한 진리다. 다시 말해 하나님의 성령께서 임하신 곳에서는 성령에 대한 증언이 아닌 그리스도에 대한 증언이 이루어져야 한다. 만일 그리스도에 대한 증언이 담대하고, 정확하고, 열정적이고, 기쁘게 이루어져 생명이 변화되는 역사가 일어난다면 성령께서 활발하게 역사하고 계신다고 믿으며 안심할 수 있다.

많은 교회들이 성령을 비성경적으로 강조하는 오류를 범하고 있는데 이 진리는 우리를 그런 오류에 빠지지 않도록 도와준다. 그런 교회들은 성령을 믿음의 중심으로 삼고 자신들의 삶과 회중 가운데에서 성령의 기적적인 역사를 나타내 보일 생각에만 골몰한다.

그러나 예수님은 제자들에게 성령께서 어떤 증언을 하실지 분명하게 일깨워주셨다. 성령께서는 예수님을 증언하고 그리스도를 높이며, 그분과 연합하게 된다는 희망으로 우리를 이끌어주신다.

진리를 말씀하시는 분

그러나 진리의 성령이 오시면 그가 너희를 모든 진리 가운데로 인도하시리니 그가 스스로 말하지 않고 오직 들은 것을 말하며 장래 일을 너희에게 알리시리라 그가 내 영광을 나타내리니 내 것을 가지고 너희에게 알리시겠음이라(요 16:13-14).

마지막으로 예수님은 성령이 와서 진리를 말씀하실 것이라고 가르치셨다. 요한복음 16장 13절 말씀은 성령께서 진리라고 말한다. 그분은 진리를 증언하실 뿐 아니라 진리 자체이시다. 그분은 진리로 와서 하나님의 백성 가운데 거하신다.

그리스도께서 자기가 떠나는 것이 제자들에게 유익하다고 말씀하신 이유는 성령께서 하나님의 백성 가운데 거하며 그들 안에서 그분의 진리를 내적으로 말씀하실 것이기 때문이다.

그리스도인들은 자기 안에 거하시는 진리의 성령을 통해 위로를 받아야 한다. 우리는 이른바 '진리 이후의 시대', 곧 절대 진리가 부정되는 시대에 살고 있다. 우리의 문화적인 현실은 복음 전도 전략에 자연히 영향을 미치게 마련이다.

우리가 살고 있는 진리 이후의 시대는 진리와 현실에 대한 우리의 인식에 오래도록 영향을 미쳐왔다. 그러나 성령께서는 하나님의 백성들 사이에서 모순된 증언을 하지 않으신다.

그분은 유일한 진리를 증언하신다. 그분이 증언하시는 진리는 때로 우리의 행위와 태도에 대한 질책일 수도 있고, 힘든 행동의 과정을 시작하라는 요구일 수도 있다. 때로 그분이 말씀하시는 진리는 따르기가 매우 어려울 수도 있다.

그러나 우리는 우리 안에 계시는 성령께서 진리의 성령이라는 사실을 기억해야 한다.

성령께서는 우리에게 하나님의 진리와 뜻을 일깨워주시며 그 증언에 대한 반응을 요구하신다. 그리스도인들은 그러한 성령의 사역을 경험할 때마다 진리가 우리를 자유롭게 할 것이라는 사실을 기억해야 한다(요 8:32).

성령 안에서의 삶

요한복음 14-16장에 기록된 예수님의 말씀은 모든 신자가 그리스도와 동행하면서 경험하게 될 성령의 사역에 관한 것이다. 특히 성경은 성령으로 행하고(갈 5:16) 성령의 인도를 따라 살라고 요구하면서(롬 8:14) 우리의 개인적인 삶에까지 성령의 사역을 적용한다.

따라서 우리는 성령의 사역과 관련해 신자와 성령의 관계를 잠시 살펴볼 필요가 있다. 이 관계를 올바로 이해하면 그리스도를 높이고, 죄를 죽이고, 마지막 날까지 인내하는 방법을 깨우칠 수 있다.

육신의 행실을 죽이라

그러므로 형제들아 우리가 빚진 자로되 육신에게 져서 육신대로 살 것이 아니니라 너희가 육신대로 살면 반드시 죽을 것이로되 영으로써 몸의 행실을 죽이면 살리니 (롬 8:12-13).

로마서 8장은 바울의 복음을 영광스럽게 제시하는 것으로 끝을 맺는다. 바울은 1절에서 그리스도 안에 있는 자는 정죄함이 없다는 삶을 변화시키는 놀라운 진리를 전했다. 그리스도께서는 율법의 저주를 친히 감당하셨다.

하나님은 그리스도를 믿는 우리의 믿음을 보시고 그분의 의를 우리의 의로 인정하신다. 그리스도를 믿으면 죄에서 깨끗해질 뿐 아니라 예수 그리스도의 완전한 의를 덧입을 수 있다.

그러나 이런 위대한 교환(즉 그리스도께서 우리의 죄를 짊어지시고, 그분의 의를 우리의 것으로 삼아주시는 것)은 회개하지 않고 계속해서 죄짓는 삶을 허용하지 않는다. 이런 잘못된 생각은 율법폐기론으로 알려져 있다. 그리스도인들은 그리스도를 통해 율법의 속박으로부터 자유로워졌지만 그렇다고 해서 각자 원하는 대로 살아도 되는 것일까?

바울은 로마서 6장 서두에서 이와 비슷한 질문을 제기하며 "그럴 수 없느니라"고 잘라 말했다. 바울은 그리스도인들에게 성령 안에서 살아야 한다고 가르쳤다(롬 8장). 위의 것을 생각하고 땅의 것, 즉 육신적인 것은 생각하지 말라고 했다(골 3:2). 왜냐하면 "육신의 생각은 사망이요 영의 생각은 생명과 평안"이기 때문이다(롬 8:6). 그리스도인들은 죄를 죽이고 거룩함을 추구해야 한다.

사탄이 끊임없이 삼킬 자를 찾아 돌아다니고 죄가 가득한 세상에서 그리스도인들은 어떻게 거룩한 삶을 살 수 있을까? 죄 가운데 육신을 입고 살아가는 상황에서 어떻게 그리스도의 형상 닮기를 소망할 수 있을까? 바울은 로마서 8장 12-13절로 이 물음에 대답했다.

그는 우리가 그리스도와 연합했기 때문에 육신을 따라 살아서는 안 된다고 말했다. 육신을 따라 살면 반드시 죽게 된다. 그것은 그리스도께 속했다는 증거가 아니다. 그러나 영으로 몸의 행실을 죽이면 살 수 있다.

'영으로'라는 문구는 그냥 지나가며 붙인 말이 아니다. 바울은 성령의 감동을 받아 말하면서 이 중요한 성화의 요소를 포함시켰다. 성령의 능력을 의지하지 않으면 죄를 죽일 수 없다. 성령의 도우심과 인도하심을 구하지 않으면 태고적부터 우리의 원수였던 사탄 앞에서 비틀거릴 수밖에 없고, 시험과 유혹이 닥칠 때마다 실패할 수밖에 없다.

성령의 사역(그분의 거하심, 가르치심, 증언하심, 진리를 말씀하심)을 신학적 개념으로만 이해해서는 곤란하다. 마음으로 그것을 직접 경험하는 것이 필요하다. 그리스도인들은 성령과의 관계를 발전시키고 그분께 기도해야 한다. 예수 그리스도를 믿는 신자들은 성령이 없으면 성화와 견인이 이루어질 수 없다는 사실을 깊이 인식해야 한다. 매일 성령께 기도하며 죄와 싸울 때 필요한 도움을 구하는가? 다윗처럼 "주의 성령을 내게서 거두지 마소서"(시 51:11)라고 부르짖는가? 우리에게는 우리의 삶 속에서 끊임없이 이루어지는 성령의 사역이 절대적으로 필요하다.

성령께서 능력으로 내 안에 거하고, 진리로 가르치고, 그리스도의 영광을 증언하시기를 간절히 기도하는가? 형제자매들이여, 성령의 사역이 없으면 죄를 죽일 수 없다. 이것이 내가 "성령을 절실히 필요로 하는가?"라고 묻는 이유다.

그리스도께서는 영광스러운 목적을 위해 자기 백성에게 성령을 허락하신다. 그분이 삼위일체의 세 번째 위격인 성령을 보내시는 이유는 우리와 교회를 위한 하나님의 영원한 목적을 이루기 위해서다. 예수님은 우리에게 성령이 필요하다는 사실을 아신다. 그렇다면 우리는 어떤가? 우리도 그렇게 알고 있는가?

성령의 열매를 맺으라

내가 이르노니 너희는 성령을 따라 행하라 그리하면 육체의 욕심을 이루지 아니하리라 … 오직 성령의 열매는 사랑과 희락과 화평과 오래 참음과 자비와 양선과 충성과 온유와 절제니 이같은 것을 금지할 법이 없느니라(갈 5:16, 22-23).

육신의 행실을 죽이면 성령의 열매가 맺히게 마련이다. 바울은 "자기의 육체를 위하여 심는 자는 육체로부터 썩어질 것을 거두고 성령을 위하여 심는 자는 성령으로부터 영생을 거두리라"(갈 6:8)고 말했다. 성령으로 씨를 뿌리면 죄의 해악으로부터 자유로운 열매를 거둘 수 있을 뿐 아니라 성령의 열매를 맺을 수 있다.

성령의 열매를 맺지 않는 사람은 그리스도께 속한 사람이 아니다. 성령 안에서 산다는 것은 매일의 삶 속에서 경건한 덕성들이 신장되어 나타나는 것을 의미한다. 성령의 능력으로 죄를 죽이면 성령을 따라 사는 삶을 통해 경건한 열매를 맺고 성령의 품성을 닮을 수 있다.

성령을 따라 살면 사랑이 깊어지고, 기쁨이 충만해지며, 흔들리지 않는 평안함이 찾아오고, 선한 마음이 더 넓어지며, 충실하고 온유한 덕성이 더욱 커지고, 자제력이 강해지는 등 하나님과 다른 사람들을 기쁘게 하는 영광스러운 결실을 맺을 수 있다. 성령으로 행한다는 것은 능력과 기쁨이 있는, 열매 맺는 삶을 사는 것을 의미한다.

기독교적 덕성을 신장시키는 일은 오직 성령의 사역을 통해서만 이루어질 수 있다. 따라서 성령을 구하고 그분과 동행하려고 노력해야 한다. 말씀으로 하나님을 추구하고 활력 넘치는 공동체에 동참하여 하나님의 백성들과 교제를 나눠야 한다.

또한 하나님께 기도하고 그분과 친밀한 교제를 나눠야 한다. 성령과 친밀한 관계를 맺으면 온 세상 앞에 뚜렷하게 드러나는 열매를 맺을 수 있다. 사도행전 4장 13절을 보면 유대 지도자들이 베드로와 요한을 보고 깜짝 놀랐다는 내용이 발견된다.

그들이 베드로와 요한이 담대하게 말함을 보고 그들을 본래 학문 없는 범인으로 알았다가 이상히 여기며 또 전에 예수와 함께 있던 줄도 알고 (행 4:13).

세상은 우리가 하나님과 얼마나 깊은 교제를 나누고 있는지 안다. 성령과 친밀한 관계를 맺고 있는 사람들을 알아본다. 성령과 더불어 기쁨과 행복이 넘치는 길을 걸으며 삶 속에서 그분의 품성과 영광을 닮으려고 노력하는 성도들은 하나님의 백성을 크게 유익하게 한다.

따라서 성령으로 행하라고 간곡히 당부하고 싶다. 성령을 알기 위해 힘쓰고 날마다 말씀과 교회와 성도들의 교제를 통해 그분을 만나라. 성령을 의지해 삶 속에서 그분의 열매를 맺으라. 갈라디아서 5장 16절은 공허한 말이 아닌 하나님의 약속이다. 성령으로 행하면 육신의 욕심을 이루지 않을 것이고, 성령으로 씨를 뿌리면 영생을 거두게 될 것이다.

"나는 성령을 믿으며" 이 세 마디 안에는 너무나도 장엄하고 영광스럽고 강력하고 아름다운 고백이 담겨 있다. 이 고백은 예수 그리스도를 믿는 모든 신자 안에 성령의 능력이 역사하고 있다는 사실을 보여준다.

이 고백은 우리 안에 거하고, 우리를 가르치고, 그리스도를 증언하고, 우리의 삶에 하나님의 진리를 가득 채워주시는 성령에 대한 진리를 전하고 있다. 이 고백은 하나님의 백성 모두가 각자의 삶 속에서 성령의 사역을 절실히 필요로 한다는 사실을 일깨워준다. 또한 이 고백은 성령의 선물 안에 포함된 하나님의 영광스러운 약속을 상기시켜준다.

나는 이번 장 서두에서 오늘날의 복음주의 진영 안에서 성령론에 대한 이해가 너무나도 부족하다는 사실을 개탄했다. 아무쪼록 하나님의 말씀과 사도신경 안에 진술된 진리들을 통해 우리의 잘못을 뉘우치고, 우리 안에 거하며 성삼위 하나님의 영원한 약속으로 우리를 인치신 성령과 다시금 새롭고 활기차고 열매 가득한 관계를 맺을 수 있기를 간절히 기도한다.

12장

나는 거룩한 공교회와 성도의 교제를 믿습니다

    사도신경의 내용은 '하나님에 관한 고백'에서 '그분의 백성이 지닌 신분과 특성에 대한 고백'으로 선회한다. 교회(거룩하고 보편적인 교회)에 대한 믿음을 고백하는 사도신경의 내용은 교회적이고 언약적이며, 영원한 공동체에 대한 신념을 충실하게 드러낸다. 사도신경은 개인주의적인 기독교의 개념은 무엇이든 결코 용납하지 않는다. 사도신경은 '내'가 아닌 '우리'를 강조한다.

    내가 남침례신학교의 학생으로 공부를 처음 시작한 날이었다. 그날 나는 교회사 강의를 듣기 위해 강의실에 앉아 있었다. 티모시 조지라는 수염이 덥수룩한 교회사 교수가 강의실에 모습을 드러냈다.

그는 하버드대학교에서 박사학위를 막 취득한 사람이었다. 그는 강의실을 한 번 둘러보고 우리를 바라보더니 "나의 임무는 예수님과 여러분의 할머니 사이에 누군가가 있었다는 사실을 알려주고, 그 사실이 중요하다는 점을 일깨워주는 것입니다"라고 말했다.

그의 말은 총알처럼 내 뇌리에 박혔다. 왜냐하면 도저히 잊을 수 없는 말이었기 때문이다. 그렇다! 예수님과 나의 할머니 사이에는 너무도 많은 신자들과 수많은 시간이 존재하고, 그것은 매우 중요하다.

현대 기독교는 사도신경의 고백이 지니는 깊이와 그리스도인들이 교회의 지체로서 오랫동안 중단없이 공유해온 교제의 중요성을 올바로 이해하지 못할 때가 많다. 미국 기독교는 개인주의를 중시하는 미국의 사회적 풍조를 받아들이면서 줄곧 입지가 축소되어왔다. 개인의 자율성을 강조하는 윤리가 대다수 미국인의 사고와 기대와 세계관을 형성하고 있다.

안타깝게도 이 윤리는 많은 복음주의 교회들 안에까지 침투해 들어왔다. 우리는 교회와 성도의 교제를 믿는다는 것이 무슨 의미인지를 생각하려는 의향이 별로 없다. 미국 교회는 봉사 단체 혹은 시민 단체와 조금도 다르지 않은 자발적 결사체로 전락하고 말았다.

미국의 교회론은 하나님의 백성이 함께 모여 그리스도를 높이고 예배를 드리는 공동체라기보다 사람들의 취향을 만족시키는 영적 '카페테리아'에 지나지 않는다. 미국 교회는 우주의 왕이신 주님의 몸이라기보다 입맛에 맞게 적당히 쓰다가 버리는 소비재처럼 되고 말았다.

그러나 사도신경은 예수 그리스도의 교회에 대한 그런 잘못된 견해를 허용하지 않는다. 사도신경은 강력하고 성경적인 교회론을 옹호하며, 그 영광스러운 고백 안에 교회에 대한 흔들릴 수 없는 확신을 오롯이 담아냈다.

삼위일체, 속죄, 그리스도의 신성과 인성의 신비로운 결합과 같은 진리와 나란히 교회에 관한 교리를 주장한 데서 교부들의 지혜가 또다시 환한 빛을 드러냈다. 기독교 신학을 올바로 이해하려면 명확하고 포괄적인 교회론(교회에 관한 교리)을 빼놓아서는 안 된다.

무기력한 교회론은 무기력한 교회를 낳을 수밖에 없다. 따라서 우리는 과거의 신자들이 기독교 신앙의 핵심 원리로 이해한 교리를 우리의 신학에 다시 포함시켜야 한다. 교회에 대한 믿음을 확증하는 내용 안에는 우리의 정체성이 자리잡고 있다. 교회론에 간직된 풍성한 진리를 이해하려면 먼저 마태복음 16장에 언급된 교회의 토대부터 살펴봐야 한다.

교회의 토대_ 마태복음 16장에 기록된 베드로의 고백

사복음서를 살펴보면 예수님이 제자들에게 그분의 신분에 대해 물으셨을 때 극적인 전환이 이루어졌던 것을 알 수 있다. 예수님은 제자들에게 "사람들이 인자를 누구라 하느냐 … 너희는 나를 누구라 하느냐"라고 물으셨고 그 순간 놀라운 변화가 일어났다.

예수께서 빌립보 가이사랴 지방에 이르러 제자들에게 물어 이르시되 사람들이 인자를 누구라 하느냐 이르되 더러는 세례 요한, 더러는 엘리야, 어떤 이는 예레미야나 선지자 중의 하나라 하나이다 이르시되 너희는 나를 누구라 하느냐 시몬 베드로가 대답하여 이르되 주는 그리스도시요 살아 계신 하나님의 아들이시니이다 예수께서 대답하여 이르시되 바요나 시몬아 네가 복이 있도다 이를 네게 알게 한 이는 혈육이 아니요 하늘에 계신 내 아버지시니라 또 내가 네게 이르노니 너는 베드로라 내가 이 반석 위에 내 교회를 세우리니 음부의 권세가 이기지 못하리라 내가 천국 열쇠를 네게 주리니 네가 땅에서 무엇이든지 매면 하늘에서도 매일 것이요 네가 땅에서 무엇이든지 풀면 하늘에서도 풀리리라 하시고(마 16:13-19).

베드로는 예수님이 선지자나 선생 이상의 신분을 지니고 계시다는 것을 알았다. 그는 예수님을 하나님의 아들이자 메시아, 곧 약속된 여인의 후손(창 3장)으로 고백했다. 이러한 그의 고백은 단순한 신학적 추론에서 비롯된 게 아니라 성부 하나님께서 은혜로 베드로에게 알려주신 것이었다. 하나님은 베드로에게 자기 앞에 서 있는 분의 참된 정체를 고백할 수 있는 능력을 허락하셨다.

예수님은 베드로의 대답을 듣고 나서 인류 역사의 방향을 바꾸어놓을 메시지를 전하셨다. 즉 베드로의 고백 위에 자신의 교회를 세우겠다고 말씀하신 것이다. 마태복음 16장 13-19절 본문은 예수님의 신부인 교회의 네 가지 특성을 밝히고 있다. 예수님은 자신의 교회가 고백과 진리 위에 세워지고, 능력과 권위를 지닐 것이라고 말씀하셨다.

고백 위에 세워진 교회

예수님은 베드로의 고백 위에 자신의 교회를 세우셨다. 신앙을 고백한다는 것은 신앙을 공적으로 옹호하고 주장하는 것을 의미한다. 따라서 성도들과 함께 신앙을 고백한다는 것은 역사상의 모든 참된 그리스도인들의 증언과 함께 신앙을 고백한다는 뜻이다. 이것이 신조가 신앙고백(함께 신앙을 고백하는 것)이라 불리는 이유다.

베드로는 그리스도 안에 이스라엘의 모든 소망이 놓여 있다고 고백했다. 그리스도 안에서 세상이 갈망하고 기다리던 구원의 소망이 모두 충족되었다. 베드로는 예수님의 신성, 곧 그분이 성육신하신 임마누엘 하나님이라는 사실을 인정했다. 베드로는 단 몇 마디로 인류 역사를 바꿔놓은 경천동지할 진리를 선포했다.

베드로의 고백의 효과는 거기에서 그치지 않았다. 예수님은 베드로 위에 자신의 교회를 세우겠다고 말씀하셨다. 간단히 말해 이것은 베드로가 고백한 말 위에 자신의 몸을 세우시겠다는 뜻이다. 베드로의 고백이 있는 곳에 교회가 있다. 이 고백이 이루어지는 곳에 성도의 교제가 있다. 베드로의 고백은 교회의 신앙을 확립하고 언약 공동체에 참여할 수 있는 길을 열어주었다. 하나님의 백성 가운데 속하려면 예수 그리스도를 주님, 곧 살아 계신 하나님의 아들로 고백해야 한다.

하나님의 은혜로 그렇게 고백하는 사람은 모두 그분의 백성이 되어 그리스도 그리고 그분의 몸인 교회와 하나로 연합한다. 베드로가 선포한 진리를 고백하고 세례를 받아 그리스도의 소유가 된 사람들은 영원히 교회에 속하게 된다. 그 순간부터 그들은 혼자가 아니다.

진리 위에 세워진 교회

예수님은 자신의 교회를 단순한 사람들의 고백 위에 세우지 않으셨다. 그분은 자신의 신부를 영원한 진리 위에 세우셨다. 바울은 교회가 거짓과 기만으로 왜곡된 세상 안에서 진리의 기둥으로 우뚝 서 있다고 말했다(딤전 3:15). 그리스도를 바르고 참되게 고백하는 것이야말로 교회가 무슨 의미인지를 보여주는 가장 중요한 잣대다.

진리를 선포하지 않으면 교회는 참 교회의 지위를 상실할 수밖에 없다. 진리를 버리거나 타협하면 하나님의 백성이라는 신분을 저버리는 결과를 낳는다. 세상은 현대적이고 이성적인 감성을 따르라고 유혹한다. 세계 곳곳에 있는 하나님의 백성이 복음의 진리를 포기하라는 유혹에 직면해 있다.

그러나 마태복음 16장은 하나님의 백성이 하나님의 진리를 포기하는 것을 허락하지 않는다. 교회는 진리를 선포하고 진리를 구현하고 진리를 굳게 붙잡는 데 목숨을 걸어야 한다. 마태복음 16장에서 선포된 진리가 없었다면 인류는 아무런 희망도 가질 수 없었을 것이다. 하나님의 백성은 베드로의 진리 고백 위에 굳건하게 서 있다.

그의 고백은 어떤 반론의 물결도 흔들 수 없는 견고한 바위와 같다. 특히 현대 교회는 베드로의 고백이 지니는 의미를 깊이 새겨야 한다. 바울이 디모데에게 말한 대로 우리는 우리에게 위탁된 아름다운 진리를 굳게 지켜야 할 책임이 있다(딤후 1:14). 유다는 "성도에게 단번에 주신 믿음의 도"(유 1:3)를 옹호하고 수호해야 한다고 말했다.

능력을 지닌 교회

예수님은 교회에 능력을 주셨다. 그분은 심지어 지옥의 권세도 자기 백성을 이길 수 없다고 말씀하셨다. 그 무엇도 신자들과 그리스도를 갈라놓을 수 없다는 뜻이다. 심지어는 죽음조차도 우리를 그리스도와 그분의 구원 능력으로부터 떼어놓을 수 없다. 그리스도인들도 죽음을 경험하지만 그들은 평안하게 눈을 감는다. 왜 그럴까?

그 이유는 그리스도께서 자신의 몸인 교회를 통해 자기와 자기 백성을 하나로 연합하시기 때문이다. 교회는 시대를 초월하는 유일한 기관이라는 점에서 세상의 그 무엇과도 다르다. 그리스도의 영원한 보혈이 그분의 신부인 교회를 영원히 구속했다. 이것이 교회의 능력이다. 지옥의 권세가 승리하지 못하는 이유는 교회가 그리스도께 속해 있기 때문이다.

교회의 능력은 정부의 군사력이나 정치, 문화, 경제적인 힘에 연유하지 않는다. 교회의 능력은 복음의 능력에 근거한 영적 능력이다. 따라서 교회는 두려움이 아닌 희망으로 살아야 한다. 그리스도께서 자기 백성에게 죽음조차 이길 수 있는 능력을 주셨기 때문이다.

죽음이 우리에게 임할 테지만 장차 그리스도께서 재림하실 것이다. 죽음은 예수님의 신부를 붙잡고 있지 못할 것이다. 그리스도께서 죽음을 단번에 정복하셨기에 그리스도 안에 있는 자들은 영생을 누릴 것이다. 베드로의 고백에 담긴 진리는 정복할 수 없는 산과 같다. 어둠의 세력이 총력전을 펼쳐도 교회를 이길 수는 없다.

권세를 지닌 교회

마지막으로 예수님은 베드로의 고백에 근거해 교회에 권세를 주셨다. 그분은 제자들에게 "내가 천국 열쇠를 네게 주리니 네가 땅에서 무엇이든지 매면 하늘에서도 매일 것이요 네가 땅에서 무엇이든지 풀면 하늘에서도 풀리리라"(마 16:19)고 말씀하셨다.

'매다'와 '풀다'라는 표현은 우리에게 이상하게 들릴지 몰라도 예수님의 제자들은 그분의 말씀을 즉시 이해했을 것이 분명하다. 유대의 랍비들은 성문 앞에 서서 백성들의 송사를 해결했다. 그들은 성경을 살펴보고 그것을 근거로 판결을 내렸는데 그 판결은 곧 매거나 푸는 것으로 이해되었다. 성경은 사람들을 매거나 푸는 기준이었다.

예수님은 이 권세를 교회에 주겠다고 선언하셨다. 자기 백성에게 위임하신 것이다. 교회는 청지기처럼 이 권세와 권위를 하나님의 영광을 위해 잘 사용해야 한다. 다시 말해 성경에 기록된 하나님의 계시를 토대로 교회 안에서 발생하는 크고 작은 문제들을 해결해야 한다.

교회는 하나님의 권위에 의해 존재하며 예수 그리스도에 의해 설립되었다. 또한 교회는 성령을 통해 능력을 얻고, 하나님의 말씀을 전하고, 성경을 해석하며 적용함으로써 크고 작은 문제를 결정하는 권위를 부여받았다. 이것이 열쇠의 능력이다. 이 열쇠가 교회에 주어졌다.

"주는 그리스도시요 살아 계신 하나님의 아들이시니이다"라는 베드로의 고백은 몇 마디에 불과하지만 역사 대대로 우레처럼 크게 울려 퍼져왔다. 예수님은 베드로가 하나님의 은혜와 계시를 통해 고백한 이 말씀 위에 자신의 교회를 세우셨다. 즉, 자신을 주님이요 하나님의 아들로 인정하는 고백 위에 교회를 세우셨다.

이 고백 안에는 교회가 진리 위에 건설되어야 하고 또 복음의 진리를 굳게 붙잡아야 한다는 의미가 담겨 있다. 이밖에도 예수님은 자신의 신부에게 막강한 능력, 곧 사탄과 죽음조차도 이길 수 없는 능력을 부여하셨고, 하나님이 요구하시는 의무를 이행하며 죽어가는 세상을 향해 그리스도의 빛을 밝히 비칠 수 있는 권세를 허락하셨다.

교회의 속성

마태복음 16장은 교회의 설립에 관해 가르친다. 그러나 그것이 전부가 아니다. 교회의 설립에 관한 진리를 이해하는 것은 단지 토대를 하나 놓는 것일 따름이다. 이제는 여기에서 한 걸음 더 나아가서 교회의 속성을 이해할 필요가 있다. 교회의 역사는 베드로의 고백으로 끝나지 않는다. 심지어 그것은 사도행전 28장에서도 끝나지 않는다. 교회의 역사는 역사의 마지막 때까지 계속 이어진다.

교회는 세기를 거듭할 때마다 자신의 정체성과 본질적인 속성을 항상 유지해왔다. 지난 2000년의 역사를 거치면서 교회가 지켜온 네 가지 속성은 '하나인 교회, 거룩한 교회, 보편적 교회, 사도적 교회'다.

안타깝게도 오늘날의 교회론에서는 이런 속성들이 상실되었다. 교회가 하나님의 백성이라는 자신의 정체성을 새롭게 구현하려면 이 속성들을 반드시 되찾아야 한다.

하나인 교회

교파가 수천 개나 되는 오늘날의 현실에서 '하나인 교회'라는 개념은 터무니없이 생각될 게 틀림없다. "기독교가 수많은 교회들로 이루어져 있는 것처럼 보이는데 어떻게 하나인 교회를 주장할 수 있는가?"라는 의문이 드는 것은 당연하다.

그러나 교회가 하나라는 주장이 아무리 불가능해 보일지라도 우리는 교회의 일치를 굳게 견지해야 한다. 교회는 단일한 하나님의 백성이다. 이런 단일성은 제도적인 일치가 아닌 영적인 일치를 의미한다.

교회사를 돌아보면 때로 제도적인 일치를 이루려고 노력했던 사람들이 더러 발견된다. 그런 노력들은 모두 진리 포기로 끝나고 말았다. 교회의 일도 죄의 영향력으로부터 자유로울 수 없다. 교회는 거룩한 기관이지만 그것을 운영하고 그 기능을 주관하는 주체는 죄 있는 인간들이다. 따라서 근본적인 문제나 조직 운영의 문제에 대해 이견이 얼마든지 발생할 수 있다. 그러나 한 가지 분명히 알아야 할 사실은 예수님을 주님으로 고백하고 복음을 인정하는 곳에는 항상 하나인 교회가 존재한다는 것이다.

그런 교회의 일치는 비록 눈에 보이지는 않지만 하나님의 모든 백성 사이에 분명하게 존재하고, 장차 예수님의 재림을 통해 확연하게 드러나게 될 것이다. 하나인 하나님의 백성, 하나인 교회, 하나인 신부가 존재한다.

이런 사실은 인종적이거나 민족적이거나 문화적인 우월성을 주장하는 것을 용납하지 않는다. 시대와 장소를 막론하고 그리스도인들은 모두 교회, 곧 하나인 하나님의 백성에 속한다. 그리스도인들은 때로 분열이라는 잘못을 저지르지만 교회의 일치가 제도가 아닌 신학에 근거한다는 사실을 기억하는 것이 중요하다.

복음을 소중히 여기고, 성경을 올바로 전하며, 예수 그리스도를 주님으로 고백하고, 이신칭의의 교리를 가르치는 곳에는 교회가 존재한다. 때로는 깊은 신념과 종교적인 자유 때문에 교파가 나뉘기도 한다. 그리스도인들은 종교적인 자유가 주어진 상황에서 각자의 신념에 따라 교회와 교단을 형성할 자유가 있다.

장차 그리스도께서 자신의 교회를 주재하실 때가 이르면 참되고 영원한 제도적 일치가 이루어질 것이다. 그때에는 우리 모두 그리스도 안에 함께 거할 것이다. 천국에는 침례교나 감리교나 장로교나 루터

교나 성공회 따위는 존재하지 않고, 오직 진리 안에서 하나로 연합한 하나님의 백성만이 존재할 것이다.

신약성경은 교회를 시대와 장소를 초월해 존재하는 그리스도의 몸으로 일컫는다. 또한 신약성경에서 교회라는 용어는 우선적으로 복음을 전하고 사역을 행할 능력을 부여받은 가시적인 교회를 가리키는 의미로 사용된다. 교회는 많지만 그리스도의 주재권 아래에서 모두 하나다.

거룩한 교회

요한복음 17장에는 예수님이 배신을 당한 날 밤에 드린 대제사장의 기도가 기록되어 있다. 예수님은 교회를 위해 기도하면서 성부 하나님께 자기 백성을 거룩하게 해달라고 간구하셨다. 우리가 깨끗하고 거룩하게 되어 하나님과 그분의 말씀에 헌신하는 것이 그분의 간절한 바람이었다.

하나님의 백성은 거룩한 백성이 되어야 한다. 예수님은 기도를 드리면서 교회와 세상의 차이를 거듭 언급하셨다. 하나님의 백성이 지닌 가장 뚜렷한 특징은 거룩함, 곧 세상과의 분리다. 물론 이 분리는 물리적인 분리를 의미하지 않는다. 교회의 거룩함은 세상과의 질적인 차이에서 비롯한다.

교회는 그리스도의 정신을 구현하고, 어둠에 휩싸여 죽어가는 세상을 향해 그분의 찬란한 영광을 비춰야 한다. 하나님의 백성의 삶이 근본적으로 다른 이유는 그들이 새로운 주인을 섬기며 새로운 사랑에 이끌려 살기 때문이다.

이 거룩함은 우리 자신의 본성에 내재된 품성에서 비롯하지 않는다. 우리가 구현해야 할 거룩함은 우리의 의와 마찬가지로 주님으로부터 비롯한다. 우리의 힘으로는 거룩해질 수 없다. 오직 그리스도의 사역과 하나님의 은혜로만 그렇게 될 수 있다.

따라서 교회는 성령께서 충만하게 임하여 신자들에게 하나님의 뜻에 복종하려는 새로운 마음과 감정을 허락해주시라고 간절히 염원해야 한다. 교회는 거룩함을 단지 이상적인 현실로 여기지 말고 매일의 의무로 받아들여 열심히 추구해야 한다. 하나님은 자기 백성에게 "내가 거룩하니 너희도 거룩할지어다"라고 명령하셨다(레 11:44; 벧전 1:16). 교회로서 존재하려면 거룩해야 한다.

보편적 교회

사도신경을 고백할 때 '공교회'라는 용어를 건너뛰고 싶은 생각이 들 수도 있다. 이 용어를 둘러싸고 많은 혼란이 빚어진다. 어떤 사람들은 이 용어를 암송하면서 그것이 로마 가톨릭교회나 교황의 통치를 의미하는 줄로 생각한다.

그러나 이 용어는 그런 의미가 아니다. 우리는 이 용어를 기쁨으로 담대하게 고백해야 한다. 여기에서 공교회라는 용어는 '보편적'이라는 의미를 지닌다. 교회는 어디에 있든 동일한 교회다. 우리는 '기독교들'

이 아닌 '기독교'를, '복음들'이 아닌 '복음'을 믿는다.

물론 보편 교회의 개념은 지역 교회의 기능과 활동을 무시하지 않는다. 사도행전은 예루살렘 교회를 비롯해 고대 세계 곳곳에 설립된 지역 교회들의 이야기를 전한다. 올바른 교회론이라면 모든 지역 교회가 종말론적인 왕국의 대사 역할을 한다는 사실을 강조할 것이 틀림없다. 카슨은 이렇게 말했다.

> 개개의 지역 교회들을 제각각 하나의 지체로 간주해 그것들이 모두 합쳐져 하나의 몸, 하나인 교회를 구성하는 것으로 생각해서도 안 되고, 또 개개의 교회들을 제각각 하나의 그리스도의 몸으로 간주해 마치 그분이 많은 몸을 지니고 계시기라도 한 것처럼 생각해서도 안 된다. 개개의 교회는 참되고, 신령하고, 종말론적이고, 하나인 새 언약의 교회가 시간과 공간 속에 온전히 구현되어 나타난 실체다. 지역 교회들은 스스로를, 세상 안에서 가시적이고 집단적인 형태로 '하나님 자녀들의 영광스러운 자유'를 나타내는 천국의 전위이자 '위에 있는 예루살렘'의 모상(模相)이요 새 예루살렘의 식민지로 생각해야 한다.[1]

교회의 보편성을 믿는다는 것은 장차 새 하늘과 새 땅에서 모든 시

---

1) D. A. Carson, "Evangelicals, Ecumenism, and the Church", Kantzer and Henry, *Evangelical Affirmations*, eds. Kenneth S. Kantzer and Carl F. Henry (Grand Rapids: Zondervan, 1990), 366.

대의 신자들이 그리스도와 연합하게 될 것을 기대하면서도 지역 교회의 권위에 대한 근본적인 신념을 인정한다는 의미다. 다시 말해 '거룩한 공교회를 믿는다'는 고백은 개개의 지역 교회 안에 드러난 교회의 보편적인 속성을 고백하는 것이요, 복음을 지지하고 굳게 붙들면서 온 교회가 어린 양의 혼인 잔치에 함께 모이게 될 것을 기대한다는 의미다.

사도적 교회

마지막으로 교회의 정체성은 사도적 선포에 의해 결정된다. 사도성을 교회의 정체성으로 주장하는 것은 기독교의 역사 대대로 권위 있는 교사들의 맥이 끊어지지 않고 이어져왔다는 의미가 아니다. 사도의 직분은 오늘날의 교회 안에 계속해서 존재하지 않는다. 사도성의 의미는 디모데후서 2장에 기록된 바울의 말에 잘 설명되어 있다.

> 내 아들아 그러므로 너는 그리스도 예수 안에 있는 은혜 가운데서 강하고 또 네가 많은 증인 앞에서 내게 들은 바를 충성된 사람들에게 부탁하라 그들이 또 다른 사람들에게 가르칠 수 있으리라(딤후 2:1-2).

바울은 자신의 동역자인 디모데에게 제자들을 양육해 그들이 또 다른 제자들을 양육하게 하라고 당부했다. 디모데는 바울에게서 배운 것을 충성된 교사들에게 전달해 다른 사람들을 가르치게 해야 했다.

간단히 말해 바울은 경건하고 충실한 교사들이 계속 나타나 마치 그리스도께서 직접 하시는 것처럼 교회를 다스리고 가르칠 수 있기를 염원했다.

바울이 세상을 떠난 지 2000년이 지났지만 우리는 여전히 그가 가르치고 디모데에게 전해준 동일한 복음을 전파하고 있다. 우리는 사도적 가르침과 선포 위에 세워진 교회가 되어야 한다. 교회는, 예수님을 따르며 그분에게 직접 가르침을 받았던 사도들을 통해 그리스도의 가르침과 교훈을 물려받았다.

사도들을 통해 전해진 모든 가르침을 가르치는 것이 교회의 본질적 속성 가운데 하나다. 교회는 자기에게 위탁된 것을 지키고, 그것을 충실한 사람들에게 전달해 다른 사람들을 가르칠 수 있게 해야 한다. 교회의 속성과 본질은 사도성을 통해 구현된다. 교회는 진실하고 충실한 사도적 가르침을 전해야 한다.

성도의 교제

사도신경은 거룩하고 보편적인 교회에 대한 고백에서 성도의 교제에 대한 고백으로 자연스레 이어진다. 거룩하고 보편적인 교회는 곧 성도의 교제를 의미한다. 사도신경은 개인주의나 '독자적인' 기독교의 개념을 용납하지 않는다. 사도신경은 모든 신자에게 '영원하신 하나님의 영원한 가족에 속한 영원한 지체'라는 새로운 정체성을 의식하라고 요구한다. 오늘날 교회는 그리스도의 보혈에 의해 보장된 영광스러운 교제 안에서 개개의 신자들이 모두 복된 연합을 이룬다는 성경적 가르침을 다시 회복해야 한다.

히브리서 12장_ 구름 같이 둘러싼 허다한 증인

히브리서 12장은 그리스도의 백성들 사이에서 이루어지는, 말로 다 할 수 없이 깊고 풍성한 교제를 언급하고 있다.

이러므로 우리에게 구름 같이 둘러싼 허다한 증인들이 있으니 모든 무거운 것과 얽매이기 쉬운 죄를 벗어 버리고 인내로써 우리 앞에 당한 경주를 하며 믿음의 주요 또 온전하게 하시는 이인 예수를 바라보자 그는 그 앞에 있는 기쁨을 위하여 십자가를 참으사 부끄러움을 개의치 아니하시더니 하나님 보좌 우편에 앉으셨느니라(히 12:1-2).

비록 눈에는 보이지 않지만 우리보다 앞서 세상을 떠난 수많은 형제와 자매들이 우리를 에워싸고 있다. 수많은 성도들이 그리스도의 충실하심과 장차 하나님의 백성이 모두 함께 천국에 모이게 될 것이라는 약속을 증언하고 있다. 그들은 죄 없는 상태로 영원히 함께 모여 살 그날을 위해 힘써 달려가라고 독려한다.

히브리서 저자는 몇 구절 아래에서 또 이렇게 말했다.

너희는 만질 수 있고 불이 붙는 산과 침침함과 흑암과 폭풍과 나팔 소리와 말하는 소리가 있는 곳에 이른 것이 아니라 그 소리를 듣는 자들은 더 말씀하지 아니하시기를 구하였으니 이는 짐승이라도 그 산에 들어가면 돌로 침을 당하리라 하신 명령을 그들이 견디지 못함이라 그 보이는 바가 이렇듯 무섭기로 모세도 이르되 내가 심히 두렵고 떨린다 하였느니라 그러나 너희가 이른 곳은 시온 산과 살아 계신 하나님의 도성인 하늘의 예루살렘과 천만 천사와 하늘에 기록된 장자들의 모임과 교회와 만민의 심판자이신 하나님과 및 온전하게 된 의인의 영들과 새 언약의 중보자이신 예수와 및 아벨의 피보다 더 나은 것을 말하는 뿌린 피니라 (히 12:18-24).

히브리서 저자는 새 언약의 영광을 묘사했다. 구약 시대의 신자들과는 달리 우리는 더 이상 하나님의 영광과 거룩하심의 불길이 무섭게 타오르는 산으로 나아가지 않는다. 오히려 우리는 그리스도 안에서 시온 산, 곧 하나님의 도성으로 나아간다. 우리는 방문자나 행인이 아닌 하늘나라의 시민으로서 그곳에 가서 허다한 증인들과 더불어 노래하며 주님과 얼굴을 마주한 채 그분의 탁월하심을 찬양한다.

히브리서에 이런 사실이 기록된 이유는 하나님의 백성에게 내세에 대한 굳센 확신을 심어주기 위해서다. 이것이 하나님 백성의 운명임을 믿는다면 우리는 성도의 교제를 믿고 그 믿음대로 살아야 한다. 그리스도의 몸인 오늘날 우리는 순례자가 되어 역사상의 모든 신자들이 마지막으로 완전한 연합을 이루어 영원한 새 왕국의 시작을 목격하게 될 마지막 때를 향해 나아간다.

성경은 세상을 떠난 신자들 가운데 일부가 특별한 지위를 누렸다는 이유만으로 그들을 성인으로 추대하지 않는다. 그리스도 안에 있는 신자면 누구나 성인, 곧 거룩한 자가 된다. 그리스도인들은 성인들에게 기도하지도 않고, 그들에게 기도를 부탁하지도 않는다.

오직 우리의 대제사장인 그리스도만이 우리의 유일한 중보자요 중재자가 되신다. 우리는 다만 세상에 아직 살아 있는 신자들과 세상을 떠나 그리스도와 함께 거하는 신자들, 곧 허다한 증인들로 구성된 성도들과 교제하며 참된 격려와 용기를 얻을 뿐이다.

그리스도 안에서 하나인 교회

그리스도의 백성은 하나님의 말씀에 따라 산다. 우리의 참된 일치는 그리스도와 거룩한 성경, 곧 무오하고 무류한 하나님의 말씀에 있다. 그러나 우리는 우리보다 앞서 하나님의 말씀을 전하고 기독교 신앙을 가르친 신자들에게 배우는 것을 주저하거나 못마땅해하지 않는다.

우리는 그리스도의 피로 값 주고 산 백성으로서 역사상의 위대한 교사들과 설교자들의 글을 읽고 생각하는 법을 배운다. 성숙한 그리스도인이라면 분별력과 관심과 감사의 마음으로 그들의 글을 읽는 법을 배울 것이 분명하다.

아우구스티누스(AD. 354-430)와 같은 과거의 신학자들은 물론, 기독론과 삼위일체론을 논한 초기 교회회의의 신조들은 우리에게 많은 것을 가르친다. 우리는 성경을 신앙의 확실한 기준이자 길잡이로 삼아 모든 시대의 신학자들과 그들의 교리적 탐구를 유익하게 활용한다.

우리는 16세기 종교개혁자들의 신앙을 계승한다. 종교개혁의 신앙은 '오직 믿음으로! 오직 은혜로! 오직 그리스도로! 오직 성경으로! 오직 하나님께 영광!'이라는 다섯 가지 원리에 잘 요약되어 있다.

또한 우리는 청교도들을 비롯해 조나단 에드워즈와 찰스 스펄전과 같은 믿음의 거장들에게 배운다. 훌륭한 신학과 신앙적인 가르침을 베푼 믿음의 선배들이 허다하다. 이것도 성도의 교제에서 비롯하는 축복 가운데 하나다. 우리는 앞서간 수많은 사역자들과 순교자들의 본을 통해 용기를 얻는다. 성도의 교제는 우리가 그리스도의 교회 안에서 그들과 영원히 함께 거하고 있다는 사실을 상기시켜준다.

개인주의의 위험성

거룩하고 보편적인 교회와 성도의 교제에 대한 믿음은 미국 복음주의 안에서 기승을 부리고 있는 개인주의를 배격한다. 물론 그리스도의 교회에 속하려면 믿음과 복음의 진리를 개인적으로 고백하는 일이 선행되어야 한다. 즉 그리스도의 능력으로 우리의 삶이 변화되었다는 사실을 '개인적으로' 증언하는 것이 필요하다.

그러나 그것이 우리 각자의 독자적인 행동을 강조한다는 의미는 아니다. 우리는 혼자가 아니다. 안타깝게도 오늘날 교회 안에는 혼자서 신앙생활을 할 수 있다는 생각이 마치 독즙처럼 널리 퍼져 있다. 개인주의는 교회는 물론, 복음을 저버리는 결과를 낳는다.

개인주의에 젖은 사람은 복음 속에서 하나의 백성을 창조해나가는 하나님이 아닌, 단지 개개의 사람들에게 개인적으로 구원을 베푸시는 하나님만을 보게 된다. 천지창조는 물론이고, 구약성경과 신약성경에 나타난 하나님의 언약들과 목적들은 모든 종족과 방언과 민족 가운데서 나온 사람들로 하나의 백성을 창조하는 데 집중되었다. 우리는 하나님의 은혜에 힘입어 믿음으로 그리스도께 나아가고, 그로써 서로 연합해 하나님의 백성이 된다.

신앙생활을 '나'에 관한 것으로 만드는 순간, 복음의 완전성은 깨어진다. 복음은 자신의 영광을 '나'에 관한 이야기로 축소시키는 것을 허용하지 않는다. 복음은 지극히 영광스러운 일치를 통해 하나님의 모든 백성을 하나의 백성으로 함께 아우른다.

복음은 하나님 자신의 이야기, 곧 그분이 그 기쁘신 뜻대로 그리스도를 통해 하나의 백성을 만들어가시는 역사를 다룬다. 따라서 하나님의 백성은 자신이 혼자라는 생각을 해서는 안 된다. 방에서 신약성경을 읽다가 믿음을 갖게 된 죄인도 혼자가 아니고, 믿음을 위해 순교한 신자도 혼자가 아니며, 먼 타지에서 복음을 전하는 선교사도 혼자가 아니다.

그리스도 안에 있다면 우리는 죽는 순간에도 결코 혼자가 아니다.

형제자매들이여, 우리는 혼자가 아니다. 오늘날 큰 불행에 시달리는 사람들이 너무나도 많다. 참된 교제가 없는 탓에 사도신경에 포함된 풍성한 축복을 누리지 못하고 있다. 누군가에게 개인적인 신앙생활을 질문해본다면 과연 그의 대답 가운데 교회가 얼마만큼의 비중을 차지할지 궁금하다.

우리는 빈약한 교회론에 만족해온 잘못을 뉘우쳐야 한다. 그리고 사도신경에 담긴 거룩하고 보편적인 교회와 성도의 교제에 대한 진리를 모두 받아들여야 한다. 신자들은 그리스도께서 피로 값 주고 산 하나님의 백성이라는 자신의 신분을 잊어서는 안 된다.

우리는 장차 그리스도의 의로 옷 입고 하나의 백성으로 영원히 함께 살면서 하나님의 영광을 찬양할 것이다. 그렇게 함께 살아갈 자로 서로를 바라봐야 한다. 우리도 바울처럼 "마음을 같이하여 같은 사랑을 가지고 뜻을 합하며 한마음을 품어 아무 일에든지 다툼이나 허영으로 하지 말고 오직 겸손한 마음으로 각각 자기보다 남을 낫게 여기고 각각 자기 일을 돌볼뿐더러 또한 각각 다른 사람들의 일을 돌보아 … 너희 안에 이 마음을 품으라 곧 그리스도 예수의 마음이니"(빌 2:2-5)라고 말해야 한다.

아무쪼록 우리 모두, 하나의 백성과 하나인 교회와 성도의 교제를 이루기 위해 자신을 대속물로 내주려고 보좌를 버리고 세상에 오신 그리스도의 마음을 본받기를 간절히 기도한다.

13장

나는 죄의 용서를 믿습니다

사도신경의 다음 문구에는 처음으로 인간과 관련된 내용이 등장한다. 지금까지 사도신경은 삼위일체 하나님의 영광스러운 사역, 그리스도의 고난과 영광, 부활하신 그리스도의 보편적이고 주권적인 통치, 미래의 심판에 대한 약속, 교회의 설립을 고백하는 내용으로 이루어졌다. 그러나 이번에는 인간의 본성을 다룬다. 마침내 인간이 죄인으로 규정되며 주제로 등장했다.

사도신경은 인간의 죄성을 비롯해, 하나님의 거룩한 규칙을 어긴 죄인들과 죄에 대한 그분의 임박한 심판에 관한 성경의 진리를 확증한다. "죄를 용서받는 것"이라는 문구는 단 몇 마디로 이루어져 있지만 그 안에는 엄청난 진리가 간직되어 있다. 이 문구는 하나님의 거룩한 진노 앞에 서 있는 인간의 절망적인 상태라는 성경적 현실을 나타내고 있을 뿐 아니라 그리스도의 십자가를 통해 드러난 지극히 영광스러운 하나님의 은혜를 선포한다.

오늘날에는 죄의 두려움을 알리지도 않고 죄의 고백(죄를 고백하려면 먼저 죄의 현실을 인정해야 한다)을 독려하지도 않는 교회들이 너무나도 많다. 죄의 용서와 선언과 축하의 의미를 도외시하는 일이 비일비재하다. 수많은 그리스도인들이 죄와 용서에 무지했던 많은 사람의 전철을 여전히 되밟고 있다. 죄의 용서에 관한 기독교적 신념과 관련 교리들을 축소하려는 그릇된 가르침이 차고 넘쳐난다.

따라서 오늘날의 그리스도인들은 사도신경의 이 문구와 관련된 교리들을 이해하고 적용하는 법을 반드시 배워야 한다. 죄의 두려움에 대한 견실한 성경적인 이해를 도외시하면 예수 그리스도의 복음이 지니는 아름다움과 능력과 영광이 축소될 수밖에 없다. "죄를 용서받는 것"이라는 고백 안에는 신자인 우리의 모든 희망이 담겨 있다. 그리스도인들은 사도신경에서 발견되는 이 핵심적인 선언에 담긴 모든 의미를 믿으려고 힘써 노력해야 한다.

"죄를 용서받는 것"은 주기도(예수님이 제자들에게 가르치신 기도)에서 발견되는 가장 귀하고 절박한 간구 가운데 하나다. 하나님을 향한 이 간절한 부르짖음을 이해하려면 먼저 죄의 현실을 이해해야 한다. 죄의 현실이란 인류 전체의 죄성과 개인적인 죄의 두려운 현실을 가리킨다.

죄의 용서를 믿는다고 고백하는 것은 곧 창조에서 타락과 하나님의 구원 사역을 거쳐 그리스도의 영원한 왕국에 이르는 모든 신학적 진리를 인정한다는 의미다. 기독교 신앙 전체가 '죄의 용서'라는 이 한마디에 모두 녹아 있다.

그러면 지금부터 죄의 용서에 관한 사도신경의 깊은 의미를 자세히 파헤쳐보기로 하자. 그러려면 먼저는 인류가 처한 보편적인 상태를 살펴보고, 그런 다음 무한히 가증스러운 죄의 본질을 살펴볼 필요가 있다. 한 마디로 하나님의 관점에서 우리의 죄를 바라보려고 노력해야 한다. 죄를 올바로 이해하면 예수 그리스도의 십자가에서 나오는 찬란한 광채가 무한히 더 아름다워 보인다. 우리가 지닌 죄성의 두렵고 보편적인 상태를 새롭게 인식해야만 복음의 찬란한 영광과 죄를 용서하는 하나님의 무한한 은혜를 비로소 이해할 수 있다.

아담 안에서 모든 사람이 죽었다_ 인간의 전적 부패

"태초에 하나님이 천지를 창조하시니라"(창 1:1). 성경은 하나님이 무로부터 세상을 창조하셨다는 말씀으로 시작한다. 하나님은 말씀의 능력으로 만물을 창조하셨다. 창조 사역은 아담과 하와의 창조에서 절정에 달했다. 하나님은 그들을 자신의 형상으로 창조하시고, 생육하고 번성하여 땅에 충만하라고 축복하셨다(창 1:28). 인류 역사는 인간이 하나님과 완전한 조화를 이루며 사는 데서 시작했다. 하나님의 창조 사역은 "하나님이 지으신 그 모든 것을 보시니 보시기에 심히 좋았더라"(창 1:31)는 말씀으로 끝을 맺었다. 그렇다. 모든 것이 심히 좋았다.

그러나 창세기 3장에서 아담과 하와는 자신들과 하나님 사이에 존재했던 완전한 사랑과 조화의 관계를 깨뜨리고 말았다. 성경이 분명하게 말씀하는 대로 그들은 하나님처럼 되기를 원했다. 모든 피조 세계가 그들의 반역으로 인한 형벌을 짊어지게 되었다. 하나님이 선하게 창조하신 세상이 아담과 하와의 죄로 인해 정죄 아래 놓이게 되었다. 형벌은 피조 세계뿐 아니라 특히 인간에게 주어졌다.

성경의 역사를 살펴보면 죄로 인한 참담한 현실이 시간이 흐를수록 더 심각해진 것을 알 수 있다. 창세기 3장 이후부터 타락으로 인한 저주는 갈수록 더 심해지는 것처럼 보인다. 죄로 인한 부패는 창세기 6장에 나타난 하나님의 심판에서 절정에 달했다. 하나님은 세상을 물로 심판해 노아와 그의 가족을 제외한 모든 인간을 지면에서 쓸어버리셨다. 그러나 홍수 이후에도 죄의 역사는 여전히 계속되었다. 인류는 에덴동산에서 저지른 죄로 인해 저주를 피할 수 없는 처지가 되었다. 그 죄의 부패함은 우리 모두 안에 존재하며 그로 인한 저주는 피조 세계 구석구석까지 영향을 미친다. 성경은 우리의 타락이 얼마나 심각한지를 상세하게 가르친다.

모든 사람이 죄를 범하였으매 하나님의 영광에 이르지 못하더니(롬 3:23).

범죄하지 아니하는 사람이 없사오니(왕상 8:46).

의로운 인생이 하나도 없나이다(시 143:2).

만일 우리가 죄가 없다고 말하면 스스로 속이고 또 진리가 우리 속에 있지 아니할 것이요(요일 1:8).

그는 허물과 죄로 죽었던 너희를 살리셨도다 그 때에 너희는 그 가운데서 행하여 이 세상 풍조를 따르고 공중의 권세 잡은 자를 따랐으니 곧 지금 불순종의 아들들 가운데서 역사하는 영이라 전에는 우리도 다 그 가운데서 우리 육체의 욕심을 따라 지내며 육체와 마음의 원하는 것을 하여 다른 이들과 같이 본질상 진노의 자녀이었더니(엡 2:1-3).

무릇 우리는 다 부정한 자 같아서 우리의 의는 다 더러운 옷 같으며 우리는 다 잎사귀 같이 시들므로 우리의 죄악이 바람 같이 우리를 몰아가나이다(사 64:6).

내가 죄악 중에서 출생하였음이여 어머니가 죄 중에서 나를 잉태하였나이다(시 51:5).

이 말씀들은 남녀노소 할 것 없이 모든 사람의 본성이 부패하다는 사실을 상세하게 전한다. 다윗은 시편 51편에서 심지어 잉태한 상태에서조차도 죄로부터 자유롭지 못하다고 말했다. 하나님의 완전하심과 거룩하심의 기준에 도달할 수 있는 사람은 아무도 없다. 우리는 아담 안에서 죄인들이기 때문에 죄 가운데서 태어난다. 어떤 사람도 거룩하신 하나님 앞에서 의로울 수 없다. 허물과 죄로 죽은 우리가 어떻게 하나님의 심판대 앞에 완전한 자로 설 수 있기를 바라겠는가?

온 인류가 이렇게 정죄를 당하게 된 것은 창세기 3장에 약속된 저주의 결과다. 성경은 "아담 안에서 모든 사람이 죽었다"고 말씀한다(고전 15:22). 모든 인간이 아담 안에서 죽었다. 이 심판은 세상 모든 곳에 있는 모든 사람에게 똑같이 주어진다. 우리는 아담과 연합되었을 뿐 아니라 우리 자신도 죄를 지었기에 누구도 예외없이 하나님 앞에서 정죄를 받는다. 인류는 영원한 심판과 정의가 집행될 날을 기다린다. 그때가 되면 하나님이 자신을 거스른 모든 사람들과 죄를 분노로 심판하실 것이다.

말할 수 없이 두려운 죄

인류가 전적으로 부패해 영원한 심판을 받을 것이라는 사실은 죄가 얼마나 두렵고 가증스러운 것인지를 분명하게 보여준다. 다윗은 나단에게 간음과 살인을 저지른 일에 대해 책망을 받고 나서 이렇게 기도했다.

하나님이여 주의 인자를 따라 내게 은혜를 베푸시며 주의 많은 긍휼을 따라 내 죄악을 지워 주소서 나의 죄악을 말갛게 씻으시며 나의 죄를 깨끗이 제하소서 무릇 나는 내 죄과를 아오니 내 죄가 항상 내 앞에 있나이다 내가 주께만 범죄하여 주의 목전에 악을 행하였사오니 주께서 말씀하실 때에 의로우시다 하고 주께서 심판하실 때에 순전하시다 하리이다(시 51:1-4).

다윗의 죄는 그에게 뼈저린 고통을 안겨주었다. 그는 하나님을 거스르고 죄를 지은 탓에 예리한 양심의 가책에 시달려야 했다. 그는 자신의 죄를 의식하지 않으려고 해도 그렇게 할 수가 없었다. 좌우와 위아래, 그 어느 곳을 보아도 자신이 지은 죄가 선명하게 모습을 드러냈다. 심지어는 눈을 감아도 눈꺼풀 뒤에 그의 죄가 새겨져 있었다.

그는 죄의 본질을 정확하게 인식했다. 그는 자신의 죄가 하나님을 거스른 행위라는 사실을 이해했다. 다윗 왕은 다른 남자의 아내를 보고 욕정을 느낀 무서운 죄를 저질렀다(삼하 11장). 그는 그 여자와 간통을 저지르고 그녀의 남편 우리아를 전쟁터에 보내 죽게 만듦으로써 자신의 죄를 더욱 가중시켰다. 그러나 그런 무서운 죄도 만왕의 왕이요 만주의 주요 영원한 창조주이신 하나님께 지은 죄에 비하면 그야말로 아무것도 아니었다.

현대 문화는 죄의 두려움과 그 결과를 생각하기를 극도로 꺼린다. 현대 그리스도인들은 죄의 현실을 거론하지 않는 설교자들을 좋아한다. 소위 '번영의 복음'을 전하는 설교자들은 지나치게 부정적으로 들릴까봐 두려워 죄의 심각성을 말하기를 싫어한다. 그들이 전하는 복음, 곧 거짓 복음은 우리에게 가장 필요한 것이 부나 건강이 아닌 구원과 구속과 그리스도인데도 단지 번영만을 약속한다. 현대 그리스도인들은 성경의 가르침에 무지한 까닭에 성경적인 진리가 결여된 도덕적인 교훈이나 실용적인 설교에만 귀를 기울인다. 토크쇼 사회자들이나 환한 미소를 머금고 텔레비전에 나와 복음을 전하는 전도자들이 말하는 '치유 이신론'(therapeutic deism)이 무오하고 무류하고 완전하고 강력한 하나님의 말씀과 예수 그리스도의 구원의 복음을 대체했다.

그리스도인들은 진리의 위기에 직면해 있다. 죄의 두려움을 올바로 이해하지 못하면 그리스도의 십자가의 영광을 제대로 알 수 없다. 따라서 우리는 인류의 보편적인 타락을 이해해야 한다. 다윗처럼 우리 모두 하나님의 눈으로 우리의 죄를 바라봐야 한다.

죄의 두려움을 올바로 이해하지 못하면 우리는 우리 마음대로 거짓 신을 만들어 믿을 수밖에 없다. 그리고 당연히 하나님의 무한한 영광과 거룩하심과 장엄하심을 축소하는 죄를 짓게 된다. 우리가 거스른 하나님이 얼마나 영광스러운 분인지를 깊이 의식해야만 우리는 우리가 지은 죄의 심각성을 옳게 이해할 수 있다. 청교도 설교자 조지 스윈녹은 "땅에서나 하늘에서나 하나님과 비교할 수 있는 존재는 아무도 없다. 죄가 그토록 위대하고 영광스럽고 누구와도 비교할 수 없는 하나님을 거스르는 것임을 알아야 비로소 그것의 해악과 사악함을 올

바로 이해할 수 있다"라고 말했다.[1)]

죄는 그것이 하나님의 영광을 거스르는 행위라는 사실을 염두에 두어야만 옳게 이해할 수 있다. 하나님은 무한히 영광스러우시다. 그분은 모든 은하수의 모든 별을 다 합한 것보다 더 영광스러우시다. 그러기에 그분을 거스르는 죄는 가장 심각한 악에 해당한다. 또 다른 청교도 설교자인 제레마이어 버러스는 이 점을 다음과 같이 설명했다.

> 하나님에게 덤벼들면서 그분이 더 이상 하나님이 아니기를 바라는 것은 참으로 두렵고도 사악한 일이 아닐 수 없다. 사람들의 마음속에 침투해 "내 정욕을 버리기보다 정욕을 마음껏 발산한다면 더 바랄 것이 없겠다. 내 정욕을 버리기보다 하나님을 더 이상 하나님으로 여기고 싶지 않다"라고 말하게 만드는 이 사악함에 대해 과연 우리는 무엇이라고 말해야 옳을까?[2)]

죄란 하나님이 더 이상 하나님이기를 바라지 않는 것을 의미한다. 죄는 우주적인 반역 행위다. 하나님을 거스르는 죄는 그분을 보좌에서 밀어내고 우리가 그곳에 올라앉는 것이다. 우리의 죄는 창조주의 합법적인 통치 행위를 거부하고 그분의 영광을 탈취해 자기 뜻대로

[1)] George Swinnock, *The Works of George Swinnock*, M. A., vol. 4 (Edinburgh, Scotland: Banner of Truth Trust, 1992), 456.
[2)] Jeremiah Burroughs, *The Evil of Evils: The Exceeding Sinfulness of Sin* (Morgan, PA: Soli Deo Gloria Publications, 1992), 40.

행하려고 한다.

우리가 죄의 심각성을 옳게 이해하지 못하는 이유는 무한하고 영원하고 아름답고 탁월하고 지극히 높으신 창조주가 아닌, 우리가 만든 작은 우상을 섬기려고 하기 때문이다. 우리는 하나님의 영광을 너무나 하찮게 생각하는 경향이 있다. 스윈녹은 이렇게 말했다.

> 죄는 참으로 무섭다. … 죄의 본성은 가증스럽다. 죄는 인간들 가운데서 가장 높은 왕들이나 피조물 중에서 가장 높은 천사들이 아닌 모든 존재 가운데서 가장 높으신 하나님, 왕들과 천사들은 물론이고 모든 피조물 가운데서 그 무엇과도 감히 비교할 수 없는 하나님을 거역하고 거스르는 행위다. 우리는 죄의 크기를 잘못 알고 그것을 너무 작게 생각한다. … 죄의 길이와 크기를 올바로 이해하려면 그것이 아무도 비교할 수 없는 지극히 위대하고 영광스러운 하나님을 거스르는 행위라는 사실을 고려해야 한다.[3]

죄 사함의 은혜를 풍성하게 누리기 위해 우리는 먼저 자기가 스스로 만들어 '하나님'으로 일컫는, 불경스럽고 수치스러운 우상을 내버려야 한다. 죄의 두려움을 이해하려면 두렵고 엄위로운 하나님의 영광을 바라봐야 한다. 하나님의 영광을 옳게 보지 못하면 죄를 자꾸 축소하

---

[3] Swinnock, *The Works of George Swinnock*, 456.

게 된다. 죄를 그릇 이해하면 값싼 복음, 무의미한 십자가, 피를 흘릴 필요가 없는 메시아를 받아들이게 될 뿐이다.

죄를 부적절하게 이해하는 데서 비롯하는 위험

죄를 부적절하게 정의하면 심각한 결과가 빚어진다. 어떤 사람들은 죄를 너무 심각하게 바라보면 불필요한 죄책감을 자극할 수 있다며 좀 더 고무적이고 긍정적인 메시지를 전하기 위해 그런 '엄격한' 가르침을 자제할 필요가 있다고 생각한다. 그러나 그리스도인들은 어떤 대가를 치르더라도 그렇게 생각하려는 유혹에 빠져서는 안 된다. 죄의 두려움을 의식하지 않으면 복음의 본질적인 진리를 포기하고 그리스도의 십자가를 욕되게 하는 잘못을 저지를 수밖에 없다. 그리스도인들이 죄의 심각성을 의식하지 않을 때 발생하는 문제들을 몇 가지 언급하면 다음과 같다.

펠라기우스주의

5세기에 펠라기우스라는 로마 가톨릭교회 수도사가 인류의 원죄를 부인하는 가르침을 전하기 시작했다. 그는 인간의 본성은 본질적으로 선하며, 하나님의 은혜가 없어도 인간의 의지로 그분을 선택할 수 있다고 주장했다. 펠라기우스주의는 아담과 하와가 타락한 이후에 인류가 전적으로 부패했다는 사실을 인정하지 않는다. 펠라기우스주의는 인간의 본성이 선하다고 가르치기 때문에 매력 있게 느껴질 수 있다. 원죄와 인간의 부패한 상태에 대한 개념보다 훨씬 낙관적인 것처럼 보인다. 그러나 펠라기우스주의는 아담이 에덴동산에서 저지른 죄의 두려움과 심각성을 옳게 이해하지 못하고 있을 뿐 아니라 전적 타락에 대한 성경의 확실한 가르침을 거부하고 인간의 본성을 왜곡시켜 오직 하나님의 은혜로 구원받는다는 올바른 가르침을 도외시한다.

로마 가톨릭주의

로마 가톨릭주의는 죄를 대죄와 소죄라는 두 범주로 나눈다. 대죄는 모든 것을 알고 의도적으로 저지르는 심각한 잘못을 가리킨다. 대죄를 저지른 사람은 회개하지 않으면 지옥에 떨어진다. 소죄는 비교적 가볍고 흔한 죄를 가리킨다. 소죄도 대죄의 요건에 저촉되는 측면이 더러 있지만 그 요건 전부에 해당하지는 않는다. 소죄는 대죄로 발전할 수 있기 때문에 죄의 고백이 반드시 필요하지만 그렇다고 해서 소죄를 지은 신자가 은혜를 상실하는 것은 아니다. 이처럼 가톨릭의 입장은 은혜의 절대적인 필요성을 훼손한다.

그러나 성경은 그런 구분을 하지 않는다. 죄의 두려움을 축소하려는 시도는 무엇이든 삼가야 한다. 모든 죄는 하나님을 보좌에서 밀어내려는 부패한 마음에서 비롯한다. 죄는 무엇이든 하나님의 영원한 진노를 받아야 마땅하다. 로마서 6장 23절이 말하는 것처럼 "죄의 삯은 사망"이요, 이는 모든 인류가 죄에 대해 치러야 하는 대가다.

번영의 복음

마지막으로 번영의 복음은 죄에 대한 그릇된 이해, 곧 위험하고 치명적인 죄관을 조장한다. 번영의 복음과 그것을 전하는 사람들은 죄의 심각성을 거론하기를 꺼린다. 그 이유는 그것이 긍정적이고 고무적인 메시지를 가로막는 부정적인 역할을 한다고 생각하기 때문이다. 번영의 복음은 죄를 거론하지 않기 때문에 '안일한 믿음주의'로 치우칠 수밖에 없다. 번영의 복음을 전하는 사람들은 청중에게 죄성의 심각함을 가르치지 않는다. 오히려 그들은 사람들이 거룩하신 하나님을 거역한 죄인이 아니라 잘못된 상황의 희생자인 것처럼 말한다. 이런 가르침은 터무니없을 뿐 아니라 매우 치명적이다. 번영의 복음은 하나님의 거룩하심과 의로우심을 드러내 죄를 꾸짖거나 구원을 위한 예수 그리스도의 속죄 사역의 필요성을 강조하지 않고 단지 청중의 양심을 적당히 달래주는 데 초점을 맞춘다.

이 세 가지 입장은 모두 인간의 죄에 대한 참된 가르침을 왜곡한다. 그리스도인들은 이런 잘못된 견해들을 물리치고 성경이 가르치는 진리를 제시해야 한다. 아담의 후손으로 태어난 인간은 모두 죄 가운데 죽은 상태다. 거룩하고 의로우신 하나님 앞에서 모든 인간은 죄인이다. 로마서 8장 7절은 "육신의 생각은 하나님과 원수가 되나니 이는 하나님의 법에 굴복하지 아니할 뿐 아니라 할 수도 없음이라"고 말씀한다. 그리스도를 떠나 있는 사람은 모두 육신과 죄 가운데 있다. 이 죄가 무서운 이유는 지극히 거룩하고 높으신 우주의 하나님을 거역하는 것이기 때문이다. 우리는 죄의 두려움을 온전히 의식해야 한다. 죄의 심각성과 은혜의 필요를 이해하지 못하면 죄 사함의 참된 의미를 올바로 이해할 수 없다.

인류의 희망

모든 인간은 내주하는 죄로 인해 하나님 앞에서 정죄당한 상태에 처해 있다. 하나님의 거룩하심을 이해하지 못하면 죄의 가증스러움을 온전히 이해할 수 없다. 인간은 온 우주에서 가장 큰 대역죄를 저지른 죄인이다. 임박한 종말과 하나님의 심판을 피할 수 없다. 인간은 자신의 모든 죄를 책임져야 한다.

인간이 할 수 있는 일은 무엇일까? 아무것도 없다. 인간에게 필요한 것은 무엇일까? 죄 사함이다. 이것이 예수 그리스도의 속죄가 필요한 이유다. 우주의 법정 안에서 그분의 속죄가 이루어지는 순간, 번갯불이 밤하늘을 가로지르듯 희망이 생겨난다.

예수 그리스도께서 십자가에서 이루신 속죄가 인류의 유일한 희망이다. 히브리서는 이 영광스러운 희망을 다음과 같이 전했다.

그리스도께서는 참 것의 그림자인 손으로 만든 성소에 들어가지 아니하시고 바로 그 하늘에 들어가사 이제 우리를 위하여 하나님 앞에 나타나시고 대제사장이 해마다 다른 것의 피로써 성소에 들어가는 것 같이 자주 자기를 드리려고 아니하실지니 그리하면 그가 세상을 창조한 때부터 자주 고난을 받았어야 할 것이로되 이제 자기를 단번에 제물로 드려 죄를 없이 하시려고 세상 끝에 나타나셨느니라(히 9:24-26).

우리는 그리스도께서 우리의 대제사장이 되어 우리의 죄를 위한 속죄 제물이 되셨다는 구원의 진리를 고백한다. 죄 사함을 믿는다고 고백하는 것은 곧 예수님이 죄인들을 구원하기 위해 오셨다는 성경의 가르침에 동의하는 것이다(딤전 1:15). 로마서 5장 8절과 요한복음 3장 16절이 말하는 것처럼 영생의 선물이 가능해진 이유는 죄 사함 때문이고, 죄 사함이 가능해진 이유는 예수 그리스도께서 우리의 죄를 위해 죽으셨기 때문이다.

히브리서 9장은 예수 그리스도의 속죄를 역사가 고대해온 사건으로 간주한다. 모든 피조물이 그리스도께서 죄인을 대신해 나무에 매달리실 날을 간절히 기다렸다. 뱀의 머리를 상하게 할 것이라는 창세기 3장의 약속이 그리스도의 사역을 통해 이루어졌다. 구약 시대의 희생 제물들이 흘린 모든 피는 단번에 드린 그리스도의 희생을 예표하는 그림자였다. 하나님의 백성이 지은 죄가 모두 예수님께 전가되었고 하나님은 자기 아들에게 진노를 남김없이 쏟아부으셨다. 왜 그런 일이 필요했던 것일까? 우리는 철저하게 부패했기 때문이다. 우리는 죽은 상태였다. 우리는 사탄을 좇았고, 하나님이 더 이상 하나님으로 존재하지 않기를 바랐다. 그런 우리를 위해 예수님이 십자가를 짊어지고 우리 대신 죄에 대한 형벌을 받으셨다. 바울은 "하나님이 죄를 알지도 못하신 이를 우리를 대신하여 죄로 삼으신 것은 우리로 하여금 그 안에서 하나님의 의가 되게 하려 하심이라"(고후 5:21)고 말했다. 참으로 놀라운 진리가 아닐 수 없다. 죄인들이 올라가야 할 언덕 위에 하나님의 아들이 올라가서 죄에 대한 하나님의 진노를 감당하셨고 그 순간 죄로 점철된 인류의 역사에는 희망이 생겨났다. 그분이 우리의 죄를 대신 짊어지신 덕분에 우리는 죄를 온전히 용서받았다. 기독교 신앙의 중심에는 이런 경천동지할 진리가 간직되어 있다.

속죄는 이처럼 영광스럽기 때문에 그리스도인들은 건전한 죄의 교리를 옹호하고 가르쳐야 할 책임이 있다. 교회는 죄의 현실과 두려움에 대해 가르쳐야 한다. 인간의 전적 타락을 힘껏 외쳐야 한다. 설교자들이 강단에서 그런 진리를 전하지 않으면 그들의 메시지에서 속죄의 영광과 능력이 사라질 수밖에 없다. 죄인들이 죄의 현실을 보지 못하면 예수 그리스도의 속죄가 지니는 구원 능력을 경험할 수도, 이해할 수도 없다.

희망이 이루어졌다

그리스도의 속죄는 '죄 용서를 믿는다'는 사도신경의 고백을 가능하게 만들었고, 또한 보장한다. 앞서 살펴본 대로 죄 사함은 그야말로 중대한 의미를 지닌다. 우리의 죄책은 우리가 생각하는 것보다 훨씬 심각하지만 그리스도께서 그 형벌을 온전히 감당하며 우리를 향한 하나님의 진노를 남김없이 받아들이셨다. 우리의 죗값이 그분의 속죄로 온전히 처리되었기 때문에 그분의 의가 우리에게 전가되었다.

> 만일 우리가 우리 죄를 자백하면 그는 미쁘시고 의로우사 우리 죄를 사하시며 우리를 모든 불의에서 깨끗하게 하실 것이요(요일 1:9).

이 말씀은 기독교적 희망을 온전히 드러낸다. 죄인들은 하나님께 자신의 죄를 고백할 수 있다. 그 이유는 무엇일까? 그리스도가 십자가 위에서 자신의 몸으로 죗값을 치르셨기 때문이다. 그분은 우리를 위해 저주가 되셨다. 우리가 죄를 고백하고 용서를 확신할 수 있는 이유는 예수님이 형벌을 감당하셨기 때문이다. 우리의 죄는 너무나도 크고 바라볼 수조차 없을 만큼 사악하지만 예수님이 그 값을 모두 치르시고 영생의 선물을 값없이 베푸셨다.

죄의 개념을 올바로 이해하지 못하면 예수 그리스도 안에 유일한 희망이 존재한다는 사실을 부인할 수밖에 없다. 잘못된 죄의 교리를 받아들이면 행위를 통한 의와 값싼 복음을 주장할 수밖에 없고, 그리스도의 희생을 무의미하게 만드는 결과가 초래된다. 만일 인간의 노력으로 죄를 쉽게 정복할 수 있다면 그리스도를 통한 하나님의 구원 계획이 필요하지 않았을 것이다. 예수 그리스도의 복음을 통한 하나님의 은혜가 필요한 이유는 (우리가 두려워할 수밖에 없는) 죄의 위력과 그로 인한 결과 때문이다.

이것은 기독교적 삶의 큰 역설이 아닐 수 없다. 세상은 우리가 죄책으로부터 도망치기를 원한다. 죄책을 죽여 없애야 할 원수처럼 간주한다. 사람들은 내면의 죄책감을 억누르기 위해 애쓴다. 이것이 자기계발 도서들이 서점을 가득 메우고 있는 이유다. 그러나 그리스도인들에게 죄책은 선물이다. 억누를 수도, 달랠 수도 없는 죄책감이 우리에게 유일한 희망을 선물한다. 하나님의 무한한 은혜를 발견하려면 무한한 죄책감을 느껴야 하기 때문이다. 우리는 죄책감을 깊이 의식해야 진홍빛 희망의 샘물, 곧 우리를 깨끗하게 하는 예수님의 보혈을 의지할 수 있다.

> 만일 우리가 죄가 없다고 말하면 스스로 속이고 또 진리가 우리 속에 있지 아니할 것이요 만일 우리가 우리 죄를 자백하면 그는 미쁘시고 의로우사 우리 죄를 사하시며 우리를 모든 불의에서 깨끗하게 하실 것이요 (요일 1:8-9).

이 약속이 주는 확신에 주목하라. 죄를 고백하면 주님은 미쁘시고 의로우사 우리의 죄를 용서해주신다. 그분이 미쁘신 이유는 하나님이 항상 약속을 지키시기 때문이고, 의로우신 이유는 다음 찬송가 가사에 잘 나타나 있다.

예수님이 죗값을 모두 치르셨네.

나는 그분께 모든 것을 빚졌네.

죄는 주홍 같은 얼룩을 남겼지만,

주님이 눈처럼 하얗게 씻어주셨네.[4]

사도신경은 짧은 몇 마디로 기독교 복음의 무한한 영광을 선포한다. 말로 다 할 수 없는 죄에 대한 두려움이 그리스도의 속죄 사역을 통한 죄 사함의 은혜로 말끔히 없어진다. 사도신경은 인간의 참된 상태를 솔직하게 보여줌으로써 우리에게 영원한 용서가 필요하다는 사실을 일깨워준다.

"죄를 용서받는 것 … 을 믿습니다"라는 고백에는 인류의 영원한 희망이 담겨 있다. 죄의 용서를 믿는다는 것은 그리스도 없는 우리의 상태가 얼마나 비참할 것인지를 옳게 이해하고 있다는 증거다. 우리는 죄의 사악한 본질을 깨달아야 한다. 우리는 아담 안에서 죽은 우리의 무기력한 상태를 인정해야 한다.

또한 죄 사함을 믿는다는 고백에는 그리스도의 사역이 온전히 이루어졌다는 의미가 담겨 있다. 사도신경의 고백에 다른 무언가를 덧붙일 필요가 없다. 만일 그렇게 한다면 그것은 거짓 복음을 전하는 것이다. 그러나 우리 안에는 사도신경이 가르치는 진리를 거부하고 싶은

---

[4] "Jesus Paid It All", *HymanWiki* (2010년 4월 24일 마지막 수정), http://www.hymnwiki.org/Jesus_Paid_It_All.

유혹이 항상 도사리고 있다. 인간의 전적 타락을 가르치는 것이 너무 가혹하고 비관적인 인간관을 가르치는 것처럼 보이기 때문이다. 죄책감을 회피하려고 애쓰는 세상에서 죄의 두려움을 일깨우는 것은 너무 냉혹한 것처럼 보인다. 용서의 필요성을 강조하는 것은 곧 거룩하신 하나님 앞에서 스스로를 입증해 보이려고 애쓰는 인간의 자긍심을 훼손하는 것처럼 들린다. 우리는 이런 유혹들을 성경 말씀과 복음의 진리로 단호히 물리쳐야 한다. 사도신경의 고백을 외면해서는 안 된다. 그렇게 하는 것은 인류의 유일한 희망(우리를 깨끗하게 하기 위해 기꺼이 피의 희생을 감당하신 예수 그리스도의 속죄 사역)을 앗아가는 결과를 낳는다. 우리는 오직 그리스도의 보혈을 통해서만 눈처럼 깨끗해질 수 있다. 이것이 복음이다.

14장

나는 몸의 부활과 영생을 믿습니다

어렸을 때 사람들이 천국에 관해 말하면서 그곳에서의 삶이 영원히 교인석에 앉아 있는 것과 같으면 어쩌나 하고 고민하던 모습이 생각난다. 나는 교회에 가는 것을 좋아했지만 정해진 시간보다 더 오래 예배당에 앉아 있는 것은 상상조차 하기 어려웠다.

내 발은 바닥에 닿지도 않은 채 의자 아래에서 흔들거렸고, 나는 이것저것 다른 것들을 생각하고픈 유혹을 느꼈다. 천국에 관한 말을 들으면서도 그곳이 어떤 곳인지 상상하기 어려웠던 기억이 난다.

사실 그리스도인들은 천국을 별로 고대하지 않는다. 많은 그리스도인들이 그렇듯이 천국을 성경이 가르치는 것과 다르게 알고 있을 때

특히나 더 그렇다. 내세에 대한 비성경적인 개념 때문에 우리는 스스로 속을 때가 많다.

그리스도인들은 몸의 부활과 영생이라는 종말론적인 희망에 운명을 걸고 살아간다. 신앙생활의 특징은 그런 종말론적인 희망을 갈구하는 것이다. 바울 사도는 "피조물이 고대하는 바는 하나님의 아들들이 나타나는 것이니"(롬 8:19)라고 말했다.

아담과 하와의 타락 이후에 세상에 죽음이 찾아왔고, 모든 피조물은 구원을 간절히 갈망하기에 이르렀다. 바울은 계속해서 이렇게 말했다.

> 피조물이 허무한 데 굴복하는 것은 자기 뜻이 아니요 오직 굴복하게 하시는 이로 말미암음이라 그 바라는 것은 피조물도 썩어짐의 종 노릇 한 데서 해방되어 하나님의 자녀들의 영광의 자유에 이르는 것이니라 피조물이 다 이제까지 함께 탄식하며 함께 고통을 겪고 있는 것을 우리가 아느니라 그뿐 아니라 또한 우리 곧 성령의 처음 익은 열매를 받은 우리까지도 속으로 탄식하여 양자 될 것 곧 우리 몸의 속량을 기다리느니라(롬 8:20-23).

그리스도께서 우리의 죗값을 청산하고 뱀의 머리를 상하게 하셨지만 죽음은 여전히 존재한다. 그리스도인들은 물론, 온 우주가 사탄과 죽음에 대한 마지막 승리를 갈망하며 고대한다. 따라서 그리스도인으로 산다는 것은 곧 열망하는 것을 의미한다. 그리스도의 제자가 된다는 것은 몸의 부활이 이루어질 그날을 갈망한다는 의미다.

사도신경의 마지막 부분에는 몸의 구원을 바라는 간절한 열망이 나타나 있다.

나는 성령을 믿으며 거룩한 공교회와 성도의 교제와 죄를 용서받는 것과 몸의 부활과 영생을 믿습니다.

이 마지막 고백에는 내세의 영광이 간략하게 요약되어 있다. 사도신경은 애처로운 흐느낌이 아닌 강력한 확신으로 끝을 맺는다. 사도신경은 그리스도인들이 믿는 종말에 대한 진리를 선언한다.

신앙생활이 이 약속된 영원한 상태에 대한 갈망을 의미한다면 "몸의 부활이란 무엇인가? 영생은 무엇인가?"라는 질문을 생각해볼 필요가 있다.

안타깝게도 이 영광스러운 진리들을 옳게 이해하지 못하는 탓에 무기력한 믿음을 지니고 살아가는 신자들이 너무나도 많다. 많은 그리스도인들이 성경이 가르치는 미래를 자신 있게 바라보지 못하는 탓에 현재의 삶과 사역에 심각한 어려움을 겪는다.

부활과 내세에 관한 성경의 가르침을 회복하는 것이 절대적으로 필요하다. 그래야만 그런 영광스러운 약속들로 인해 우리는 언젠가 눈으로 직접 보게 될 그날을 더 강렬하게 열망할 수 있다.

죽음에 대한 기독교적 이해

사도신경은 사람들이 죄 사함과 영생 사이에 있을 일을 이해하고 있음을 전제한다. 죄 사함과 부활 사이에는 육체가 죽어 썩는 일이 존재한다. 성경은 죽음을 마지막 원수로 간주한다. 그리스도인들이 죽음을 바라보는 시각은 최소한 두 가지다.

첫째, 우리는 죽음을 두려운 것으로 생각한다. 죽음은 소중했던 지상에서의 삶을 모두 끝낸다는 점에서 매우 두려운 것이다.

둘째, 우리는 죽음을 원수이자 증오의 대상으로 간주한다. 죽음이 온전히 정복된다는 것은 우리의 가장 큰 원수가 없어지는 것을 의미한다.

주의 날이 이르고 마지막 승리가 이루어지면 죽은 자들이 살아날 것이다. 이 부활은 아직 숨이 붙어 있는 사람들의 의식이 돌아오는 것이 아니라 말 그대로 완전히 죽은 자들이 다시 살아나는 것을 의미한다.

죽음에서 부활까지_ 고린도전서 15장

불행히도 성경이 가르치는 풍성한 부활의 진리를 진정으로 믿고 기뻐하는 신자들을 찾아보기는 매우 어렵다. 고린도전서 15장은 몸의 부활에 대한 약속과 그것이 기독교적 희망의 핵심이라는 점을 분명하게 보여주고 있다.

"우리가 더욱 불쌍한 자이리라"

고린도전서 15장은 복음의 영광을 아름답게 드러낸다. 고린도전서 15장에서 바울의 주된 관심은 그리스도의 부활이 아닌 몸의 부활을 부인하는 문제를 다루는 데 있다.

고린도전서에 전개된 바울의 논리를 살펴보면 이 점을 쉽게 확인할 수 있다.

> 그리스도께서 죽은 자 가운데서 다시 살아나셨다 전파되었거늘 너희 중에서 어떤 사람들은 어찌하여 죽은 자 가운데서 부활이 없다 하느냐 만일 죽은 자의 부활이 없으면 그리스도도 다시 살아나지 못하셨으리라 그리스도께서 만일 다시 살아나지 못하셨으면 우리가 전파하는 것도 헛것이요 또 너희 믿음도 헛것이며 또 우리가 하나님의 거짓 증인으로 발견되리니 우리가 하나님이 그리스도를 다시 살리셨다고 증언하였음이라 만일 죽은 자가 다시 살아나는 일이 없으면 하나님이 그리스도를 다시 살리지 아니하셨으리라 만일 죽은 자가 다시 살아나는 일이 없으면 그리스도도 다시 살아나신 일이 없었을 터이요 그리스도께서 다시 살아나신 일이 없으면 너희의 믿음도 헛되고 너희가 여전히 죄 가운데 있을 것이요 또한 그리스도 안에서 잠자는 자도 망하였으리니 만일 그리스도 안에서 우리가 바라는 것이 다만 이 세상의 삶뿐이면 모든 사람 가운데 우리가 더욱 불쌍한 자이리라 그러나 이제 그리스도께서 죽은 자 가운데서 다시 살아나사 잠자는 자들의 첫 열매가 되셨도다(고전 15:12-20).

바울은 모든 그리스도인의 희망을 예수 그리스도의 부활에 두었다. 예수님의 부활이 없었다면 기독교 신앙은 헛된 신앙이 된다. 바울은 몸의 부활이 없으면 그리스도인들이 여전히 죄 가운데 있을 것이라고 말했다. 그러나 그리스도께서는 무덤에서 부활하셨다. 그분은 우리의 죗값을 모두 치르셨고 지금은 보좌 위에서 온 우주를 다스리신다.

따라서 그리스도인들은 불쌍한 사람들이 아니다. 하나님은 그리스도를 죽은 자 가운데서 살려 부활의 첫 열매로 삼으셨다. 그리스도께서 무덤에서 육체로 부활하신 것처럼 그분의 백성도 죽음에서 부활해 영생을 누리게 될 것이다. 예수님은 하나님의 백성이 몸의 부활을 경험하게 될 것이라는 약속을 입증하는 산 증인이시다.

마지막 날에 대한 기대

바울은 그리스도의 부활이 그리스도인들의 부활에 대한 희망을 보장한다고 말하고 나서 그런 일이 어떻게 일어날 것인지를 언급했다.

사망이 한 사람으로 말미암았으니 죽은 자의 부활도 한 사람으로 말미암는도다 아담 안에서 모든 사람이 죽은 것 같이 그리스도 안에서 모든 사람이 삶을 얻으리라 그러나 각각 자기 차례대로 되리니 먼저는 첫 열매인 그리스도요 다음에는 그가 강림하실 때에 그리스도에게 속한 자요 그 후에는 마지막이니 그가 모든 통치와 모든 권세와 능력을 멸하시고 나라를 아버지 하나님께 바칠 때라 그가 모든 원수를 그 발 아래에 둘

때까지 반드시 왕 노릇 하시리니(고전 15:21-25).

바울은 아담과 그리스도, 죽음과 생명의 뚜렷한 차이를 강조했다. 그는 아담을 통해 세상에 죽음이 생겨났고 아담으로 인해 온 인류가 정죄를 당하게 되었다고 말했다.

그러므로 한 사람으로 말미암아 죄가 세상에 들어오고 죄로 말미암아 사망이 들어왔나니 이와 같이 모든 사람이 죄를 지었으므로 사망이 모든 사람에게 이르렀느니라 … 한 사람의 범죄를 인하여 많은 사람이 죽었은즉 … 한 사람의 범죄로 말미암아 사망이 그 한 사람을 통하여 왕 노릇 하였은즉(롬 5:12, 15, 17).

바울 신학의 핵심은 아담이 온 인류의 머리라는 것이다. 아담을 통해 죽음과 죄가 모든 사람에게 임했다. 우리는 아담 안에 있는 까닭에 죽음과 사탄에 속박되었다. 인간은 인류의 머리인 아담과 함께 무력화되어 하나님의 진노와 심판을 당하지 않으면 안 될 처지에 놓였다.

그러나 하나님은 그리스도를 새로운 머리로 허락하셨다. 믿음으로 그분을 바라보는 사람들은 모두 자유와 희망을 누린다. 인류의 머리인 아담 안에서 정죄당할 수밖에 없는 상황이 새롭게 역전될 수 있는 길이 열렸다. 예수 그리스도를 믿는 모든 사람이 그분의 의를 통해 의롭다 하심과 생명을 얻는다(롬 5:18). 예수님의 복종을 통해 많은 사람들이 의인이 된 것이다(롬 5:19). 아담에게서 물려받은 모든 것이 사라지고, 그리스도 안에 있는 새 생명을 통해 영생의 기업이 주어진다. 그리스도와 함께 죽은 자의 부활이 이루어진다(고전 15:21). 그리스도 안에서 모든 사람이 생명을 얻는다(롬 5:22).

고린도전서 15장은 역사의 종말에 있을 사건을 묘사한다. 그리스도인들은 그리스도께서 다시 나타나실 그날에 몸의 부활과 영생이 이루어지기를 고대한다. 그리스도인들의 희망이 영광스러운 이유는 그들이 바라는 대상이 영광스럽기 때문이다.

다시 말해 그리스도인들은 영원히 사라지지 않는 것, 곧 그리스도 안에서의 영원한 기쁨과 평화를 갈망한다. 바울은 "그 후에는 마지막이니 그가 모든 통치와 모든 권세와 능력을 멸하시고 나라를 아버지 하나님께 바칠 때라 그가 모든 원수를 그 발 아래에 둘 때까지 반드시 왕 노릇 하시리니"(고전 15:24-25)라는 말로 이 열망의 깊이를 드러냈다.

그리스도께서 오시는 그날이 곧 역사의 마지막이다. 그리스도께서 사탄의 권세와 통치를 멸하시고 새 왕국을 여실 것이요, 만국이 그분 앞에 굴복할 것이다. 그리스도인들은 원수들에 대한 그리스도의 마지막 승리와 그분의 영원한 통치를 간절히 염원하고 고대한다.

특별한 영광

바울의 신학은 성도의 부활과 관련된 영광스러운 진리를 설명하면서 더욱 심도 깊게 전개된다. 그는 부활한 몸의 속성과 신자들이 예수 그리스도의 날에 누리게 될 특별한 영광을 자세히 언급했다.

누가 묻기를 죽은 자들이 어떻게 다시 살아나며 어떠한 몸으로 오느냐 하리니 어리석은 자여 네가 뿌리는 씨가 죽지 않으면 살아나지 못하겠고 또 네가 뿌리는 것은 장래의 형체를 뿌리는 것이 아니요 다만 밀이나 다른 것의 알맹이 뿐이로되 하나님이 그 뜻대로 그에게 형체를 주시되 각 종자에게 그 형체를 주시느니라 육체는 다 같은 육체가 아니니 하나는 사람의 육체요 하나는 짐승의 육체요 하나는 새의 육체요 하나는 물고기의 육체라 하늘에 속한 형체도 있고 땅에 속한 형체도 있으나 하늘에 속한 것의 영광이 따로 있고 땅에 속한 것의 영광이 따로 있으니 해의 영광이 다르고 달의 영광이 다르며 별의 영광도 다른데 별과 별의 영광이 다르도다 죽은 자의 부활도 그와 같으니 썩을 것으로 심고 썩지 아니할 것으로 다시 살아나며(고전 15:35-42).

죄 때문에 인간 안에는 영원한 희망을 줄 만한 것이 아무것도 존재하지 않는다. 그러나 하나님은 은혜와 사랑과 그 주권적인 능력으로, 썩은 육신도 다시 살려내실 것이다. 죽음의 고통이 여전히 사라지지 않았지만 그리스도인들은 영광스럽지 못한 것으로 심고 영광스러운 것으로 다시 살아날 것이라는 절대적인 확신으로 살아간다. 약한 것으로 심으나 강한 것으로 되살아나고, 썩을 것으로 심으나 썩지 않을 육체로 다시 살아날 것이다.

그렇다면 썩지 않을 새 육체는 어떤 속성을 지녔을까?

첫째, 부활한 육체는 물리적인 육체다. 이것은 명확하게 언급되지는 않았지만 분명하게 전제된 사실이다. 물리적인 육체는 인간의 특성 가운데 하나다. 그리스도인들은 유형의 물리적인 육체를 지니고 영원히 살게 될 것이다.

부활한 영광스러운 육체는 지금의 육체와 어느 정도 연속성을 지닐 테지만 썩어질 옛 육체와 영원한 새 육체는 현저한 차이가 있다. 약한 것이 강하게 될 것이고, 영광스럽지 못한 것이 영광스럽게 될 것이며, 자연적인 것이 영적인 것으로 변화될 것이고, 썩을 것이 썩지 않을 것, 곧 죽음을 영원히 경험하지 않을 육체가 될 것이다.

이 육체가 그리스도와 함께 영원히 불멸의 삶을 누릴 것이다. 요한일서 3장 2절은 "사랑하는 자들아 우리가 지금은 하나님의 자녀라 장래에 어떻게 될지는 아직 나타나지 아니하였으나 그가 나타나시면 우리가 그와 같을 줄을 아는 것은 그의 참모습 그대로 볼 것이기 때문이니"라고 말씀한다.

그리스도께서 재림하시면 그리스도인들은 육체를 지닌 물리적인 실존의 형태로 그분과 함께 살게 될 것이다. 이 육체는 영원히 영광스러운 완전함을 유지하며 그리스도를 직접 마주 볼 것이다.

"사망아 너의 승리가 어디 있느냐"

바울은 고린도전서 마지막 부분에서 한 가지 비밀을 언급하는데 이 대목에서 부활과 그 의미에 관한 바울의 가르침이 절정에 이른다. 그가 말한 내용은 비밀이지만 하나님의 은혜로 거듭난 우리는 그의 말이 무슨 의미인지를 익히 짐작할 수 있다.

> 형제들아 내가 이것을 말하노니 혈과 육은 하나님 나라를 이어 받을 수 없고 또한 썩는 것은 썩지 아니하는 것을 유업으로 받지 못하느니라 보라 내가 너희에게 비밀을 말하노니 우리가 다 잠 잘 것이 아니요 마지막 나팔에 순식간에 홀연히 다 변화되리니 나팔 소리가 나매 죽은 자들이 썩지 아니할 것으로 다시 살아나고 우리도 변화되리라 이 썩을 것이 반드시 썩지 아니할 것을 입겠고 이 죽을 것이 죽지 아니함을 입으리로다 이 썩을 것이 썩지 아니함을 입고 이 죽을 것이 죽지 아니함을 입을 때에는 사망을 삼키고 이기리라고 기록된 말씀이 이루어지리라 사망아 너의 승리가 어디 있느냐 사망아 네가 쏘는 것이 어디 있느냐 사망이 쏘는 것은 죄요 죄의 권능은 율법이라 우리 주 예수 그리스도로 말미암아 우리에게 승리를 주시는 하나님께 감사하노니 그러므로 내 사랑하는 형제들아 견실하며 흔들리지 말고 항상 주의 일에 더욱 힘쓰는 자들이 되라 이는 너희 수고가 주 안에서 헛되지 않은 줄 앎이라(고전 15:50-58).

바울은 이 본문에서 고린도 신자들에게 주의 날이 이르면 아직 죽음을 경험하지 않은 신자들이 새롭고 영광스러운 육체로 변화될 것이라고 말했다. 그리스도께서 재림하시면 살아 있는 자들이나 죽어 땅속에 묻힌 자들 가운데 믿음으로 그분과 연합한 자들은 모두 영광스럽게 변화될 것이다.

그리스도인들이 그런 변화를 경험하게 되는 이유는 무엇일까? 그 이유는 바울이 말한 대로 썩을 것이 썩지 아니할 것을 입고, 죽을 것이 죽지 아니함을 입을 것이기 때문이다. 그 순간 그리스도인들을 비롯한 모든 피조물의 마지막 원수인 죽음이 완전히 정복될 것이다.

부활과 변화의 날에 죽음이 종말을 고할 것이다. 성도들과 모든 피조물이 "사망아 너의 승리가 어디 있느냐 사망아 네가 쏘는 것이 어디 있느냐"라고 외치게 될 것이다. 피조 세계를 지배하던 죄의 권세가 무너져 영원히 사라질 것이고, 그리스도의 승리를 통해 하나님과 그분의 백성을 위한 새 시대가 열릴 것이다.

죽을 것이 죽지 않는 것으로 변화함으로써 하나님이 사탄과 죄와 죽음에 대해 마지막 승리를 거두셨다는 사실이 온 우주에 분명하게 드러날 것이다. 그리스도인들이 새 육체를 얻는 순간, 죽음 없는 영원한 새 시대가 열릴 것이다.

"우리 주 예수 그리스도로 말미암아
우리에게 승리를 주시는 하나님께 감사하노니"

바울은 지금까지 말한 사실을 근거로 우리가 안심하고 살아갈 수 있다고 말했다. 그리스도인들은 죽어도 다시 살기 때문에 죽음에 담대하게 맞설 수 있다. 바울은 이 진리를 염두에 두고 "그러므로 내 사랑하는 형제들아 견실하며 흔들리지 말고 항상 주의 일에 더욱 힘쓰는 자들이 되라 이는 너희 수고가 주 안에서 헛되지 않은 줄 앎이라"(고전 15:58)고 결론지었다. 우리의 수고는 헛되지 않다.

그리스도인들은 현세가, 내세를 위해 씨를 뿌릴 수 있는 중요하고 영광스러운 기회를 제공한다고 믿는다. 그리스도인들은 승리의 가락에 맞춰 죽음을 향해 당당하게 나아간다. 왜냐하면 이 구원의 역사가 어떻게 끝날 것인지를 이미 알고 있기 때문이다.

구원의 절정, 곧 마지막 부활을 알지 못하면 사역에 힘쓸 수 없다. 하나님이 신자들을 위해 어떤 결말을 준비하고 계신지를 이해하지 못하면 죄와 시련과 박해의 와중에서 사역을 감당하기가 불가능하다. 바울은 부활이 사실이 아니라면 모든 사람 가운데서 우리가 가장 불쌍한 사람들일 것이라고 말했다. 왜 그럴까?

그 이유는 그리스도인의 삶이 세상의 위로를 포기한 채 힘든 짐을 짊어지고 삶을 온전히 헌신하며 죄와 싸워나가는 십자가의 삶이기 때문이다. 그리스도인들은 사탄의 권세 아래 있는 적대적인 세상과 마주한다. 더욱이 그리스도인들은 오랫동안 힘든 삶을 살고 난 후에도 여전히 마지막 원수인 죽음에 직면한다. 따라서 만일 부활과 내세의 소망이 한갓 환상에 지나지 않는다면 고난받는 그리스도인들은 가장 불쌍한 삶을 사는 셈이 된다.

그러나 그것은 사실이 아니다. 왜냐하면 그리스도의 부활이 이미 이루어졌기 때문이다. 그분의 부활이 우리의 희망을 보장한다. 성령께서는 우리가 그리스도처럼 부활할 것이라고 보증하신다. 바울은 예수님을 죽은 자 가운데서 살리신 성령께서 우리 안에 거하시며, 우리의 죽을 몸에 생명을 주실 것이라고 말했다(롬 8장).

따라서 그리스도인들은 고난을 넉넉히 감당할 수 있고, 가장 혹독한 박해도 담대히 견뎌낼 수 있다. 그리스도인들이 죽음을 두려워하지 않을 수 있는 이유는 그리스도께서 오시면 그것이 사라질 것을 알기 때문이다. 우리의 육체가 부활한다는 사실은 우리를 모든 두려움에서 자유롭게 할 뿐 아니라 경건한 열정으로 담대하게 살아갈 수 있도록 도와준다.

그리스도인들은 역사의 결말을 알기 때문에 기꺼이 희생을 감수하며, 땅에 떨어져 죽어 많은 열매를 맺는 한 알의 밀이 될 수 있다. 그리스도인들은 부활의 날을 갈망해야 한다. 그 영광스러운 날을 갈망하지 않으면 마음이 굳어지고 죽음의 두려움에 감정이 얼어붙어 거룩한 열정을 불사를 수 없다. 장래의 부활을 위해 살려면 그것을 갈망해야 한다.

영원한 삶

사도신경의 마지막 문구는 이미 확증한 진리에 한 가지를 더 첨가한다. 교회는 "몸의 부활"과 "영생"을 구별하는 지혜를 발휘했다. 후자는 전자로부터 자연스레 비롯하며, 둘은 하나가 되어 종말의 영광스러운 진리를 드러낸다. "영생을 믿습니다"라는 고백은 죽은 자들이 모두 다시 살아날 뿐 아니라 마지막 심판이 있을 것을 상기시킨다.

앞에서 우리는 그리스도께서 "살아 있는 자와 죽은 자를 심판하러 오십니다"라는 사실을 살펴본 바 있다. 영원한 삶은 마지막 심판을 전제로 한다. 그리스도께서는 마지막 승리를 거두고 모든 사람을 심판하실 것이다. 예수님은 장차 양과 염소를 구분하겠다고 말씀하셨다(마 25:31-46).

그날이 되면 양들에게는 "나와 함께 천국에 들어가자"고 말씀하실 것이고, 염소들에게는 "지옥에 들어가서 영원히 고통받으라"고 말씀하실 것이다.

그리스도의 심판으로 인해 양측의 영원한 운명이 엇갈린다. 그리스도를 믿는 사람들은 영원히 안식과 기쁨을 누리고, 그분을 믿지 않는 사람들은 지옥에서 영원히 고통을 받는다.

양쪽 모두 영원한 판결을 선고받는다. 그리스도인들은 사도신경이 천국의 기쁨과 지옥의 공포를 둘 다 일깨워주고 있음을 기억할 필요가 있다. 그리스도의 날이 이르면 그 두 가지가 모두 현실이 되어 나타날 것이다.

그리스도를 믿지 않는 사람들은 영원한 죽음을 맞이할 테지만 그리스도인들은 천국에서 하나님과 영생을 누릴 것이다. 그것이 그들의 기업이다. 천국은 그리스도인들이 영원히 거하게 될 고향이다. 그러나 그리스도인들은 그리스도의 죽음과 장사와 부활을 통해 보장된 이 영원한 약속이 실현되기를 갈망하지 않을 때가 많다. 그들은 너무나도 자주 바울의 말을 잊은 채 세상의 일시적인 즐거움에 만족한다.

> 그러므로 너희가 그리스도와 함께 다시 살리심을 받았으면 위의 것을 찾으라 거기는 그리스도께서 하나님 우편에 앉아 계시느니라 위의 것을 생각하고 땅의 것을 생각하지 말라 이는 너희가 죽었고 너희 생명이 그리스도와 함께 하나님 안에 감추어졌음이라 우리 생명이신 그리스도께서 나타나실 그 때에 너희도 그와 함께 영광 중에 나타나리라(골 3:1-4).

바울은 이 본문에서 '믿음으로 그리스도와 연합한 자'라는 그리스도인의 정체성을 강하게 일깨워준다. 그리스도인들은 자신의 정체성에 합당하게 하늘의 것을 생각하며 살아가야 한다. 바울은 위에 있는 것과 보좌에 앉아 있는 부활하신 그리스도 외에는 아무것도 구하지 말라고 당부했다. 그는 우리가 세상에 대해 죽었고, 우리의 삶이 하나님과 밀접한 관계를 맺고 있다는 사실을 강조했다.

그리고 그리스도께서 나타나시면 우리도 그분과 함께 영광 중에 나타날 것이라고 결론지었다. 이처럼 종말론은 기독교적 삶과 윤리의 근간을 제공한다. 하늘의 것을 생각하는 그리스도인들은 내세의 영원한 삶을 갈망하며, 골로새서 3장에 언급된 종말론적 약속을 바라보며 살아간다.

오늘날 그리스도인들이 내세를 좀처럼 갈망하지 않는 것은 몹시 우려할 만하다. 그리스도인들, 특히 많은 부와 편리를 갖추고 있는 그리스도인들은 세상이 자신을 미혹하도록 방치하는 경향이 있다. 그들은 천국이 현세보다 덜 즐거울 것이라고 생각한다.

이처럼 세상의 위로와 재물에 만족한다면 그리스도인들의 눈은 흐려져 하나님이 무엇을 위해 이 모든 역사를 이끌어나가고 있으며, 또 무엇 때문에 창조와 구원 사역을 하셨는지 올바로 이해하지 못하게 된다.

천국은 세상보다 못한 장소가 아니라 그보다 무한히 더 뛰어난 곳이다. 이 세상에서 경험하는 온갖 좋은 것들이 내세에는 무한히 더 증대되거나, 아니면 무한히 더 나은 것들로 대체될 것이다. 하나님은 내세의 놀라운 현실을 성경에 분명하게 계시하셨다.

> 내 아버지 집에 거할 곳이 많도다 그렇지 않으면 너희에게 일렀으리라 내가 너희를 위하여 거처를 예비하러 가노니(요 14:2).

> 모든 눈물을 그 눈에서 닦아 주시니 다시는 사망이 없고 애통하는 것이나 곡하는 것이나 아픈 것이 다시 있지 아니하리니 처음 것들이 다 지나갔음이러라(계 21:4).

> 기록된 바 하나님이 자기를 사랑하는 자들을 위하여 예비하신 모든 것은 눈으로 보지 못하고 귀로 듣지 못하고 사람의 마음으로 생각하지도

못하였다 함과 같으니라(고전 2:9).

우리가 여기에는 영구한 도성이 없으므로 장차 올 것을 찾나니(히 13:14).

그 성곽은 벽옥으로 쌓였고 그 성은 정금인데 맑은 유리 같더라(계 21:18).

조나단 에드워즈는 "세상에는 천국의 영광을 옳게 나타낼 수 있는 것이 아무것도 없다"라는 설교를 전하면서 성경이 타락으로 인해 왜곡되고 불완전해진 우리의 인식 능력에 맞춰 쓰였기 때문에 거기에 사용된 표현조차도 내세의 기쁨을 온전하게 묘사할 수 없다고 말했다. 그러면서 다음과 같이 결론지었다.

천국은 그리스도인들에게 더할 나위 없이 복되고 영광스럽게 보일 것이다. 왜냐하면 하나님을 자신들의 분깃으로 삼고 모든 것을 온전히 소유한 채 즐거워할 것이기 때문이다. 무한하신 하나님이 자신을 그들에게 내주어 그들의 능력이 미치는 한도까지 온전히 자기를 즐거워하게 하실 것이다. 따라서 세상의 것 가운데는 그들의 영광을 나타낼 수 있는 것이 아무것도 없다는 교리는 참되다. 은, 금, 보석, 왕관, 왕국 등 그 무엇도 무한하신 하나님과는 결코 비교될 수 없다. 더욱이 그들은 그분과 더불어 모든 것을 온전하게 소유할 것이다. 왜냐하면 하나님의 사랑스러운

자녀로서 그분의 얼굴을 직접 바라보며 즐거워할 것이기 때문이다.[1]

에드워즈는 신자들에게 장차 다가올 천국의 영광을 올바로 묵상하라고 권고했다. 인간의 언어는 아무리 고상해도 성도들을 기다리고 있는 영광을 사실대로 묘사할 수 없다. 천국은 가장 큰 기쁨과 가장 즐거운 기쁨과 가장 놀라운 것들을 포함하고 있다. 신자들은 그 모든 것을 받아 영원히 즐거워할 것이다.

그러나 우리에게는 그날에 대한 열망이 그렇게 간절하지가 못하다. 이제는 잠에서 깨어나 우리의 심령을 마비시키는 세상의 쾌락을 떨쳐 버려야 한다. 이 세상은 우리를 결코 만족시키지 못한다. 에드워즈는 같은 설교에서 이렇게 덧붙였다.

천국을 위해 자신을 부인하기를 싫어하는 사람들은 너무나도 어리석다. 그들의 어리석음은 어떤 말로도 다 나타내기가 어렵다. 이런 큰 행복을 위해 잠시 자신을 부인하고 죄 죽이는 일을 마다하는 사람들, 곧 영광스러운 것을 위해 욕망이나 나태함을 버리기를 원하지 않는 사람들은 참으로 어리석기 그지없다.[2]

---

1) Jonathan Edwards, et al., *The Works of Jonathan Edwards, vol. 14: Sermons and Discouurses: 1723-1729* (New Haven: Yale University Press, 1997), 154.
2) Edwards et al., 159-60.

과연 우리 그리스도인들은 문명의 혜택을 누리고 있으면서 덧없는 세상의 형적을 버리고, 모든 지식을 초월하는 영광을 진정으로 갈망할 수 있을까? 에드워즈가 말한 대로, 얼마 되지 않는 세상의 일시적인 쾌락을 위해 무한한 영광과 기쁨의 중한 것을 포기하는 사람들이 많은 것은 참으로 안타까운 일이 아닐 수 없다.

내세에 대한 갈망이 없으면 기독교적인 삶을 이해할 수 없다. 그리스도인들은 사탄과 죽음이 온전히 정복되고 부활이 이루어질 그날을 갈망하는 사람들이 되어야 한다. 그리스도인들은 삼위일체 하나님 앞에서 영원히 거하게 될 찬란한 영광을 갈망해야 한다. 그리스도인들은 이런 갈망이 있어야만 박해를 견디고, 육신을 죽이고, 사탄과 맞서 싸우고, 몸의 부활과 영원한 삶을 얻기 위해 힘써 매진할 수 있다.

나가는 말

대대로, 또 앞으로 고백할 신앙

때로는 사도신경의 신앙을 저버린 교회들조차도 예배 중에 그것을 고백하곤 한다. 가령 사도신경과 양립할 수 없는 자유주의 신학을 채택한 교회도 여전히 사도신경을 암송하는데, 그 이유는 사도신경이 갖는 역사적 지위 때문이다. 행여 사도신경을 예배에서 배제한다면 교인들의 반발을 살 게 틀림없다.

결국 사도신경은 주일마다 무의미하게 입으로만 암송될 뿐이다.

한 친구 목사는 내가 이 책을 쓰고 있다는 소식을 듣고서 자기가 자유주의 교회에서 성장했다고 말했다. 그가 다녔던 교회에서는 신학이나 교리, 성경을 전혀 다루지 않았고, 그저 전통적인 찬송가를 부르며 사도신경만 암송했다고 한다.

그처럼 신학적으로 황량하기 그지없는 예배 환경 속에서 그는 그래도 사도신경을 암송하면서 사도신경이 곧 기독교 신앙이 주장하고 고백하는 진리임을 깨달았다고 말했다.

"내가 십대 시절에 들은 것 중에 성경적인 기독교와 연결된 접합점은 사도신경이 유일했다네." 그의 말이다.

그는 사도신경의 진리들을 필사적으로 붙잡았다.

그리스도인들은 대대로 예수 그리스도에 관한 믿음, 곧 예수님이 그분의 제자들에게 가르치셨고, 사도들이 초대교회에 가르쳤던 "성도들에게 단번에 주신 믿음의 도"(유 1:3)를 고백해왔다. 사도신경은 기독교 신앙을 요약한 귀한 신조들 가운데 하나로, 기독교 역사상 가장 널리 사용되어온 교리적 진술이다.

이 신경에 사도라는 명칭을 붙인 이유는 사도들이 그리스도에게 받아 교회에 전달한 신앙과 교리들을 다루고 있기 때문이다. 종교개혁자들은 사도신경을 귀하게 여겼다. 정통적인 신조들의 배후와 그 근간에도 대부분 사도신경이 놓여 있다.

사도신경은 요약의 성격을 띠고 있기에 기독교 신앙 전부를 다루지 않는다(어떤 신조도 기독교 신앙 전부를 기술할 수는 없을 것이다). 그러나 그리스도인들은 핍박과 죽음 앞에서도 굴하지 않고 대대로 담대하게 사도신경을 고백해왔다. 이 신조를 고백한다는 것은 2000년 이상 유지되어온 기독교적 충실함에 동참한다는 의미다. 나는 이 특권을 경이롭게 생각한다. 전능하신 하나님 아버지에서 시작해 영원한 삶으로 끝을 맺는 담대한 이 고백이 너무나도 놀랍다. 사도신경의 처음과 끝 사이에는 예수 그리스도의 복음을 중심으로 하는 성경적인 진리들이 가득하다. 사도신경은 교회의 신앙이요, 하나님 백성의 신앙이요, 그리스도의 보혈로 값 주고 산 자들의 신앙이요, 그리스도의 교회에 단번에 주어진 신앙이다.

사도신경은 기도와 같다. 기도처럼 담대하게 "아멘"이라는 한 마디로 끝을 맺는다.

우리는 사도신경의 진리에 동의한다.

"아멘!"

온 세상은 우리가 믿고 있는 바를 안다.

"아멘!"

교회가 그리스도 안에서 자랑스러워한다.

"아멘!"

우리는 그리스도인들이 대대로 고백해왔고 또 앞으로 계속해서 고백할 신앙을 믿는다. 그리고 이를 고백하며 가르친다.

"아멘!"

사명선언문

너희가 흠이 없고 순전하여……세상에서 그들 가운데 빛들로
나타내며 생명의 말씀을 밝혀 _ 빌 2:15-16

1. 생명을 담겠습니다
만드는 책에 주님 주신 생명을 담겠습니다.
그 책으로 복음을 선포하겠습니다.

2. 말씀을 밝히겠습니다
생명의 근본은 말씀입니다.
말씀을 밝혀 성도와 교회의 성장을 돕겠습니다.

3. 빛이 되겠습니다
시대와 영혼의 어두움을 밝혀 주님 앞으로 이끄는
빛이 되는 책을 만들겠습니다.

4. 순전히 행하겠습니다
책을 만들고 전하는 일과 경영하는 일에 부끄러움이 없는
정직함으로 행하겠습니다.

5. 끝까지 전파하겠습니다
모든 사람에게, 땅 끝까지, 주님 오시는 그날까지
복음을 전하는 사명을 다하겠습니다.

서점 안내

광화문점 서울시 종로구 새문안로 69 구세군회관 1층
02)737-2288 / 02)737-4623(F)

강남점 서울시 서초구 신반포로 177 반포쇼핑타운 3동 2층
02)595-1211 / 02)595-3549(F)

구로점 서울시 동작구 시흥대로 602, 3층 302호
02)858-8744 / 02)838-0653(F)

노원점 서울시 노원구 동일로 1366 삼봉빌딩 지하 1층
02)938-7979 / 02)3391-6169(F)

분당점 경기도 성남시 분당구 황새울로 315 대현빌딩 3층
031)707-5566 / 031)707-4999(F)

일산점 경기도 고양시 일산서구 중앙로 1391 레이크타운 지하 1층
031)916-8787 / 031)916-8788(F)

의정부점 경기도 의정부시 청사로47번길 12 성산타워 3층
031)845-0600 / 031)852-6930(F)

인터넷서점 www.lifebook.co.kr